数字技术驱动下的企业会计转型实践研究

许 倩 著

九州出版社
JIUZHOUPRESS

图书在版编目（CIP）数据

数字技术驱动下的企业会计转型实践研究 / 许倩著.

北京 : 九州出版社, 2025. 1. -- ISBN 978-7-5225

-3492-3

Ⅰ. F275.2

中国国家版本馆CIP数据核字第20256HU320号

数字技术驱动下的企业会计转型实践研究

作　　者	许 倩 著	
责任编辑	云岩涛	
出版发行	九州出版社	
地　　址	北京市西城区阜外大街甲35号 (100037)	
发行电话	(010)68992190/3/5/6	
网　　址	www.jiuzhoupress.com	
印　　刷	定州启航印刷有限公司	
开　　本	710毫米×1000毫米　　16开	
印　　张	14.75	
字　　数	210千字	
版　　次	2025年1月第1版	
印　　次	2025年1月第1次印刷	
书　　号	ISBN 978-7-5225-3492-3	
定　　价	88.00元	

前　言

随着数字技术的迭代与普及，各个行业掀起一股技术应用热潮，数字经济俨然成为时代发展的"主旋律"。在这一段"主旋律"中，数据成为关键的"音符"。数据作为数字经济时代关键的生产要素，已经被企业普遍接受，而要借助数据的"东风"为企业赋能，打造数据驱动的发展模式，企业就必须关注数据信息质量。

会计作为直接提供信息的重要工作，其服务方向逐渐指向内在。财务会计因其对外性不如管理会计的对内性更符合企业的发展需要，因而从财务会计向管理会计转型成为一种必然趋势。过去受限于大量基础性财务会计工作，需要高昂的人工成本，且人工模式下的数据计算与分析能力使管理会计信息质量难以继续提升，两相结合下，企业会计只能将重心放在处理基础工作上，管理会计工作水平难以提高。数字技术给这些难题提供了解决方案。

以大数据、云计算、人工智能、物联网、区块链、第五代移动通信技术（5th Generation Mobile Communication Technology, 5G）为代表的数字技术一方面取代了基础性的财务会计工作，将人力释放出来，同时提高了数据的准确性；另一方面，数字技术所具备的高级算法和超级计算能力为管理会计信息质量的提升提供了可能，使其能更好地响应企业的信息需求。

总之，数字技术的发展为企业会计带来了前所未有的机遇和挑战，对企业会计转型产生了深远的影响。本书立足于技术革命与会计学科之间的关系，深入分析数字技术对企业会计转型的影响，旨在为企业会计从业人员、管理者和学者提供一个系统性、全面性的理论框架和实践指导。希望本书的阐述和分析，能够帮助读者更好地把握企业会计转型的趋势，以应对数字化时代的挑战和变革。

本书共分为七章。第一章为绪论，主要介绍了本书的研究背景、数字技术的基本内容和企业会计的基本理论。本章通过回顾历史上的四次科技革命，分析科技革命与会计学科发展的关系，为后续章节奠定基础。

第二章聚焦企业会计转型分析，从数字技术驱动下的企业会计变化与转型趋势、企业财务会计向管理会计转型分析和企业财务会计向管理会计转型的意蕴等方面进行了全面讨论。

第三章着重分析数字技术对企业财务会计向管理会计转型的驱动作用。本章从大数据、云计算、人工智能、物联网、区块链和 5G 技术这六种代表性技术出发，分别探讨了这些技术在企业会计转型中的驱动作用和应用场景。

第四章研究了企业管理会计技财融合的数字化实践，重点探讨技财融合在企业会计转型中的动能、内涵以及表征，并阐述其在管理会计数字化方面的推动作用。然后从财务数据中台建设和会计数据自动化管理两方面对企业管理会计技财融合的数字化实践展开分析，为企业管理会计数字化发展提供参考。

第五章研究了企业管理会计业财融合的数字化实践。着眼于业财融合是管理会计工作的本质，本章首先介绍业财融合的内涵、与管理会计的关系以及基于业财融合本质的管理会计发展策略。随后从数字化业财融合管理会计体系建设和基于数据共享的业财融合实践两方面对企业管理会计的业财融合数字化实践展开深入研究，为企业的业务经营管理提供支持和指导。

第六章关注企业管理会计人财融合的数字化实践。本章从人财融合是管理会计发展的基础出发，深入讨论了企业数字化绩效管理体系建设和企业数字化管理会计人员培养的相关问题。

　　第七章为结论与展望，总结了本书的研究成果，对未来智能化管理会计和企业数字化发展进行了展望。力求为企业会计转型提供有益的参考和启示。

　　数字技术驱动下，企业会计将迎来前所未有的机遇，但也面临着重重挑战。本书力求提供一个全面而深入的视角，以期为企业会计转型提供有益的参考。然而，科技的发展日新月异，企业会计转型的道路仍在不断演变。因此，本书的分析和讨论不可避免地存在局限性，希望广大读者在阅读本书的过程中，能够结合自身实际情况，积极探索适合自己企业的会计转型之路。

目 录

第一章　绪　论

　　纵观整个科技领域发展历史，自 18 世纪以来人类社会经历了四次科技革命：以蒸汽技术为主导的第一次科技革命、以电气技术为主导的第二次科技革命、以信息技术为主导的第三次科技革命、以数字技术为主导的第四次科技革命。每一次科技革命都起源于某一两项具有根本性和强大带动性的重大技术突破，从而引发新的技术体系的建立和新的产业升级。技术驱动下的会计学科也经历了古代会计、近代会计、现代会计的发展历程。当前人类正处于以数字技术为主导的第四次科技革命时期，会计学科也在不断地发展，新的技术与方法的应用给会计带来更多便捷，从而使会计具备了更高的应用价值，值得深入研究与挖掘。

第一节　研究背景

一、四次科技革命

　　自 18 世纪以来，人类社会经历了四次科技革命，如图 1-1 所示。

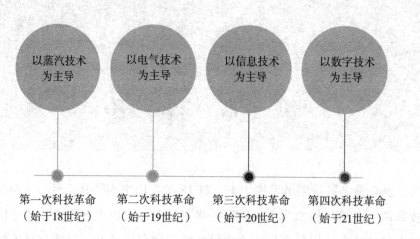

图1-1 四次科技革命

（一）第一次科技革命：蒸汽技术

人类历史上的第一次科技革命始于18世纪60年代，以蒸汽机的发明和应用为标志。正是这场科技革命带来了人类由手工工艺时期向机器工业时代的飞跃，随之引发以纺织工业、冶金工业、机械工业、造船工业等领域全面发展为主要内容的第一次工业革命。

蒸汽动力技术的应运而生主要来自当时社会生产直接驱动和实验科学的酝酿已久。彼时英国正处于工场手工业飞速发展时期，社会需要推动早期蒸汽机出现。以蒸汽机广泛应用为特征的第一次技术革命给社会生产力带来了前所未有的发展，煤炭、纺织、冶金业在当时工业革命中占主导地位，社会生产需要大量蒸汽机。

随着蒸汽机的大量应用，人们开始研究如何更好地利用它来促进社会生产，从而出现了蒸汽机制造工艺。于是，以蒸汽机生产为主的机器制造业得到了相应发展。从那时起，包括车床、刨床、钻床、磨床在内的各类机床制造工业先后获得了迅速发展，特别是农业机械方面，18世纪末至19世纪初，农业机械化水平不断提高，英国不少大农场先后出现播种机、收割机、打谷机、割草机等各种农业机械。农业耕作逐渐向机械传动转变，并逐步取代手工劳作成为主要生产方式之一。

无论是从科学技术的角度还是就生产关系而言，蒸汽机的发明都扮演了举足轻重的角色。这一发明对人类历史产生了深远的影响，也是世界科技史上划时代的伟大成果。后来詹姆斯·瓦特改良的蒸汽机进一步实现了热能向机械能的大范围转化，直接促进了科技的发展，推动了热力学和能量转化等基础理论的发展。与此同时，也带动着纺织、采矿、冶金、机械等行业的发展。

（二）第二次科技革命：电气技术

第二次科技革命开始于 19 世纪 70 年代，以电力的发明与广泛使用为标志。电力工业、化学工业、电报、电话的飞速发展，让人类迈进了一个崭新的时代——电气时代。如果说以蒸汽机为代表的第一次科技革命极大地解放了生产力，那么电力的发明与应用则产生了远远超过蒸汽时代的生产力，开拓了热、机械运动、电、磁、光等各种能量相互转化的道路。

从 19 世纪 70 年代开始，电力作为一种新型能源逐渐替代了蒸汽动力成为主导。这种转换并非偶然，在近代工业飞速发展的情况下，蒸汽机已经不能满足工业动力的需要，局限性日益显露，电力的优越性愈发明显。

一方面，电能既可集中生产，也可分散利用，方便传输与分配。反观蒸汽动力则必须经由曲柄、飞轮、天轴（或地轴）、皮带和其他传动系统，才能把能量传输到每个机器上。这样的传输方式十分不便，在传输过程中存在大量的能量损耗，不能实现远距离的传输。另一方面，电能运用方式灵活多样，很容易转换成热、光、机械、化学等形式的能，反之亦然，其他能量也可以转化为电能，这种灵活的转化形式契合社会生产与人类生活的各种需求。蒸汽机仅能将热能变成机械能，无法转化为其他形式的能量，这就形成了蒸汽机的局限性与工业发展需求之间的矛盾，于是有了电力的普及与推广，成为解决这一矛盾的伟大科技成果。

电力作为新能源，其应用范围非常广泛，不但给已有工业领域带来新的动力,还促进了一批新兴工业的出现,19世纪末20世纪初,电气化热潮兴起,以发电、输电、配电三大环节为主的电力工业发展壮大,同时生产发电机、电动机、变压器、断路器和电线电缆等电气设备的工业也很快崛起。除此之外,电力的使用也促进了材料、工艺、控制等工程技术的进步,开发出多种导体和绝缘材料,对于固体、液体、气体等各种物质的电性能展开了深入的探索。新的技术发明就此萌芽,1835年萨缪尔·芬利·布里斯·摩尔斯发明了有线电报,1879年托马斯·阿尔瓦·爱迪生发明了电灯泡,1895年伽利尔摩·马可尼和亚历山大·斯捷潘诺维奇·波波夫运用詹姆斯·克拉克·麦克斯韦的电磁理论,首次实现无线电通信。自此,电不再只是一种强有力的工业动力,还被广泛应用在照明、通信等领域。时至今日,电的应用已经融入人类日常生活中的方方面面。

(三)第三次科技革命:信息技术

第三次科技革命开始于20世纪中叶,其标志是原子能、计算机、微电子技术、生物工程技术以及空间技术的发展。这是人类历史上规模最大,也是影响最为深远的一次科技革命。

其一,科技的进步,说到底,还是由物质生产情况决定。一方面,生产的不断发展,用强大、精密的仪器和装备武装着科学技术,为探索科学技术的新途径提供了不可缺少的物质手段。正如冶金工业从20世纪开始有了长足发展,建立起雄厚的动力基底,机械加工能力和工艺水平都得到了提高,才为新科学思想发源和新技术发明提供了可能。另一方面,生产增长与能源消耗密切联系在一起,促使人们去研究更加经济、合理的能源利用方式,去开发更加有力的新能源。在生产发展过程中,高速度、高温、高压、剧毒等很多工艺过程是人们不能直接参加的,这需要研究如何对生产装置进行自动控制。

其二,科技的进步还得益于科学的发展。自19世纪末以来,自然科学突飞猛进,尤其是物理学革命为第三次科技革命打开了局面。相对论与量子力学的建立是物理学革命所取得的重大成就，不仅把人们对于物质世界的理解拓展到高速与微观两个领域，还有力地推动了其他基础科学与技术科学的发展，为新技术领域的开拓奠定了理论基础。

例如，核物理研究实现了核爆炸并建造了核反应堆，使原子能开发和利用得以实现；电子在原子内的运动规律研究，以及不同波段电磁辐射的特殊矛盾研究，共同促进了电子技术的长足发展；电子学的研究成果催生了电子计算机；空间技术更是现代科学技术的集大成之作。总之，新技术手段重塑了现代科学研究的技术与手段。科学技术领域的一系列具有划时代意义的突破，使物质世界在不同层次的运动规律及其相互关联得以揭示，并产生出众多分支学科和边缘学科，也衍生出像控制论、信息论、系统论等具有综合性与基础性的理论。现代科学革命与技术革命所取得的累累硕果，在使社会生产力发展的同时，也给社会生活的各个方面带来极为深远的影响，并且这种影响时至今日依然存在。

（四）第四次科技革命：数字技术

第四次科技革命兴起的说法源于 2013 年德国在汉诺威工业博览会上提出的"工业 4.0"这一概念。"工业 4.0"以增强德国产业竞争力为中心宗旨，意在通过抢占新一轮工业革命的先机，来提高国内制造业智能化水平，从而确立起具有高度适应性、高资源效率和基因工程学的智慧工厂，将客户和商业伙伴融入商业流程和价值流程。自此，"工业 4.0"的概念蔓延至全球，掀起世界工业转型竞赛。我国也提出了"中国制造2025"，世界第四次科技革命开始。

第四次科技革命也可以被称为数字化革命。与此前的三次科技革命相比，数字化革命有两点本质的区别：一是数字技术普及的门槛低；二是数字化信息具有低成本和非竞争性。在这两个特性的背后是计算机处理成本的指数级下降。与实物商品不同，信息是非竞争性商品，某一个人的使用并不妨碍其他人的使用。因此，复制和使用数字化信息的成本几乎可以忽略不计。

第四次科技革命的代表技术为数字技术，包括人工智能、区块链、大数据、云计算等，实现了物理空间、网络空间与生物空间的三项融合。由于第四次科技革命刚刚起步，未来的发展充满了很多不确定性，因而其具备的特征还有待时间与实践验证。目前看来，第四次科技革命是以第三次科技革命的信息技术所构成的技术集群为基础，形成一个更大的技术集群，并朝着普遍应用阶段迈进。第四次科技革命突破了信息时代的发展瓶颈，带动传统工业升级与转型。其主要内容很可能将概括为"两网两化"的高度结合。"两网"就是互联网与物联网的合称，"两化"是信息化与工业化的合称。借助互联网与物联网实现信息化与工业化紧密结合，人类社会将迎来"万物互联"时代。机器会在更多领域中逐渐代替人类，信息基础设施供应也会更加迅速。

未来，在第四次科技革命驱动下，经济社会乃至世界格局都将发生深刻的变化。小到企业组织结构的改变，将由过去点、线、面的组织框架演变为蜂窝式组织结构；大到生产方式的改变，将由大型机器生产工厂演变为资源共享型工业产业集群，消除企业之间的壁垒。未来的竞争是科技的竞争和资金的竞争，掌握核心技术的国家必然能在国际竞争中占有一席之地。

二、科技革命与会计学科发展

（一）科技革命驱动下的学科发展趋势

在上述四次科技革命的发展进程中，尤其是以第三次科技革命对各学科发展的影响最深。自 20 世纪中期以来，在第三次科技革命的驱动下，科学出现了深入的细化和综合趋势，不仅学科的分支愈发复杂，而且各个学科之间的边界变得模糊，从而出现了众多边缘学科、综合学科和横断学科。这些新学科的出现对自然科学、社会科学，以及人们的生产、生活各个领域产生了巨大的影响。

边缘学科研究现实世界中不同层次的交错点，即用一种科学的方法来研究另一门科学的研究对象，把不同的科学方法与研究对象结合在一起，揭示物质世界不同层次的运动形式之间的相互关系与转换，是一个成长于两门及更多学科之上的新学科，如物理化学、生物力学、技术经济等。边缘学科的出现标志着当代科学发展的整体化趋势。

综合学科是针对特定物质世界客体进行研究的学科，通常会涉及多学科理论知识，包括环境科学、计算机科学、空间科学、材料科学等，这些学科都是在原有学科基础上进行相互交叉与渗透，从而衍生出来的新学科。综合学科的出现是现代科学走向综合化和整体化的象征，体现出人们对客观世界更全面、更系统和更深刻认识的愿望。

横断学科的研究对象并非客观物质世界中某一物质结构及其运动形式，而是多种物质结构和运动形式中某一个特定的共同方面。可以说，这类学科的研究覆盖各学科的横断面并具有方法论的特征，如系统论、信息论、控制论、突变论、协同论、耗散结构理论都是典型的横断学科。这些新兴学科不同于过去的数学、物理、生物、化学、地理等基础科学，仅研究自己学科领域的物质结构与运动规律，而是强调从不同方面揭示客观世界的本质联系及其运动规律，使之实现高度的协调统一。

（二）科技革命驱动下的会计学科发展历程

在科技革命驱动下，会计学科经历了古代会计、近代会计、现代会计三大发展阶段，如图 1-2 所示。

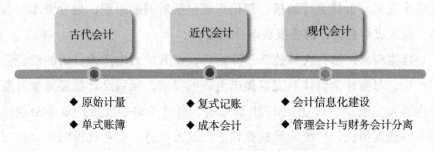

图 1-2 科技革命驱动下的会计学科发展历程

1. 古代会计

早在原始社会，生产力水平提高促进商品交换产生，从而需要简单地记录和计算，这就是会计最初的功能和形态。可以说，会计是社会发展到一定阶段的必然产物

古代会计的阶段指的是从会计产生到 1494 年复式记账出现之前的一段时间，整体社会经济形态还处于自给自足的状态，生产力水平较低，商品经济还不发达，货币交换尚未全面展开，不过在过渡时期已经出现一些具有明显会计特征的会计行为。就会计中采用的主要技术方法而言，古代会计主要运用原始计量记录法、单式记账法，以及初创时期的复式记账法。在此期间会计进行计量、记录、分析的工作一般是与其他计算工作混合在一起，不作为单独的一项任务。在经历了长期的发展之后，会计才逐渐形成了一整套有自身特点的学科体系，成为独立的管理工作。

2. 近代会计

中世纪意大利城市商业与金融业的兴盛带动记账方法的改进与完善。意大利数学家，会计学家卢卡·巴其阿勒于 1494 年出版了《算术、几何、比与比例概要》一书，被誉为近代会计起步的里程碑。科技革命驱动下，会计实现了从古代会计向近代会计的跃进，从单式记账法过渡到复式记账法。但是在 15 世纪至 18 世纪期间，会计学科体系的理论和方法发展还相当迟缓，直到第一次科技革命开始，在技术驱动下会计学科才实现大踏步发展。近代会计的核心理论贡献包括折旧的思想；划分资本与收益；重视成本会计；财务报表审计制度。

具体而言，第一次科技革命开始后，以满足大生产为目的的股份公司产生，对会计学科体系完善提出更高的要求，导致会计服务对象与服务内容发生改变。19 世纪末 20 世纪初，科技革命引发的产业革命使经济发展速度加快，传统的经验管理法已经无法适应生产规模的社会化与市场的激烈竞争，于是，被誉为"科学管理之父"的弗雷德里克·温斯洛·泰勒创造性地提出了一整套"科学管理"理论。随着泰勒科学管理

理论应用的日益广泛，企业开始思考"会计如何为提高生产和工作效率服务"的问题。随之一些与之相关的方法开始被引入会计中作为初步尝试，如"标准人工成本""标准材料成本""标准制造费用""成本差异"等。这一时期的会计方法更加完善，会计科学更加成熟，1919年美国成本会计师协会建立，更是极大促进了标准成本会计的发展，成本会计被视为会计学科发展史中的一个重要成果。

3. 现代会计

现代会计是商品经济发展到一定阶段的产物。欧洲资本主义商品货币经济在15世纪得到了迅猛发展，同时带动了会计的发展。在这一时期，会计学科有着两大重要特征：一是运用货币计量开展价值核算；二是普遍使用复式记账法，由此构成了现代会计的基本特点与发展基石。

一方面，从第三次科技革命开始，现代科学技术和经济管理科学日新月异，受到政治、经济、技术环境等因素的变化影响，传统财务会计也在不断丰富与完善，财务会计核算工作更加规范化、通用化、标准化。

另一方面，会计学科以成本会计为基础，密切配合现代管理理论与企业的实践要求，逐渐形成了为企业内部经营管理提供数据支持的管理会计体系，从而实现会计工作由传统事后记账、算账、报账，向事前预测和决策转化。

管理会计的诞生和发展是会计学科体系发展史中的重大变革，自此开始，现代会计已形成财务会计与管理会计两大分支。在现代化生产飞速发展的今天，经济管理水平日益进步，信息技术与数字技术逐渐在会计工作中得到普及与应用，1946年第一台电子计算机诞生于美国，1953年第一次用于会计领域。到20世纪70年代，世界上已有国家在电子计算机软件中出现数据库应用和电子计算机综合管理系统。这些技术的应用使得会计信息收集、归类、加工、反馈和其他操作程序从传统手工操作中解放出来，大大提高工作效率，使会计科学体系发生根本变化，会计信息化建设成为一项重要内容。

（三）科技革命驱动下的企业会计发展启示

科技进步给会计学科带来了重大影响。会计学科经历的古代会计、近代会计、现代会计发展历程与科技革命密切相关。先进的科学技术可以促进会计学科的发展，而落后的技术则会限制会计学科的进步。比如，现代会计技术与方法的应用就给会计理论与实践带来深刻的影响，推动了现代会计学科的变革和发展，继而使经济活动内容与方式发生变化，进一步促进了社会发展。

会计理论与实务的逐步完善与发展反过来也在推动科技的进步，为今后更为先进的科学技术在会计学科中的应用作铺垫。因此，会计学科与科技进步的同步进化规律可以归纳为：科技革命带动经济发展，经济发展要求会计发展，会计发展促进经济发展，经济发展催生科技革命，如此循环往复，共生互动。

在 21 世纪的今天，数字技术催生出的现代会计技术和方法，是人类基于特定生产力水平的共同智慧成果，是共性意义上的结果。目前，我国正在迎接第四次科技革命，随着社会主义市场经济不断发展，企业在生产经营过程中随时出现越来越多的新课题，企业会计转型工作空前紧迫。因此，我国企业要紧抓机遇，在推进经济市场化的过程中，引进先进会计技术、会计方法与管理思想等，促进自身会计工作水平的持续提升，真正让会计为企业赋能。

第二节 数字技术的基本内容

一、数字技术的内涵与特征

（一）数字技术的内涵

所谓数字技术，"技术"二字很好理解，就是生产一种产品的系统、工艺或服务，而"数字"一般指二进制运算中的 0 和 1 两位数字编码。因此，数字技术就是一种能够借助相关设备，把各类图像、文字、声音等信息转成电子计算机能识别的二进制数字后，再进行运算、加工、存储、传送、传播、还原的技术。典型的数字技术有大数据、云计算、人工智能，物联网、区块链、5G 技术等。

数字技术不是凭空产生的，而是在互联网的迭代趋势下由市场需求催生而出的。以计算机和软件为中心的数字技术作为人类有史以来的伟大发明之一，它的产生和普及推广很快引发了一场涉及全世界范围的数字化革命热潮，带动全球步入数字经济时代。数字化始于数字技术，但是数字化并不等于数字技术。大数据、云计算、人工智能、物联网、区块链等技术在技术层面上互相融合，赋能各个产业体系。

在数字技术驱动下，数字化浪潮早已渗透进企业组织体系中，体现在企业成长到一定规模后逐渐建成的管理系统，包括前端、数据中心、信息系统，以及后台等各个方面，有些企业在定制系统的时候会专门设置成开源或半开源状态，以方便后续系统随企业发展而加入对应模块，达到数字化初级状态。

（二）数字技术的特征

数字技术除具有一般技术所具有的系统性、客观性、规范性、创造性、目的性等基础特征之外，其独有的衍生特征表现为通用性、演进性、不确定性与外部性，如图 1-3 所示。

图 1-3　数字技术的特征

1. 通用性

数字技术是在数据同质化且可编辑的基础上实现普遍应用的，这是数字技术的通用性，即将声音、图片、文本等信息转换成 0 与 1 表达的二进制计算机语言来实现数据的同质化，然后对这些数据进行利用，从而实现对非数字组件的访问和修改。这一特征使数字技术能够在不同行业灵活适用于多种场景的应用，实现技术通用。

数字技术的通用性体现在广度与深度两个方面。就应用广度而言，每个行业的运行都无法脱离对计算的需求，并且随着经济社会不断发展，这种需求从简单低级向复杂高级发展，数字技术强大的基础计算功能可以适应不同行业的应用情境，把各个行业不同的信息转换成标准化的二进制数据，使得计算统一、高效且易于操作，增强了信息的通用性，削弱了行业边界。就应用深度而言，数据是计算的依据，数字技术改变了数据和实体原有割裂状态，把不同情境中的信息转化为可编辑数据，不同类型的数据技术从数据的采集、加工、存储、安全保障等方面开展了全方位的数据深入挖掘与应用，进一步扩大了数字技术的应用范围，实现了对同一情境中数据的深入开发。

2. 演进性

当前市场变化速度飞快，数字技术也处于持续的迭代升级过程中，呈现出演进性。这种演进性表现在数字技术自身的演进性与应用产业的演进性两个方面。

一方面，数字技术自身的发展具有演进性。数字技术，特别是应用端的软件技术有着鲜明的需求导向特点，因此在性能不断优化的同时，也在不断地随市场需求而进行功能的增加与适应性改变，从而使数字技术的类型、作用以及应用领域也随之扩大。

另一方面，数字技术能够推动应用产业的演进发展。数字技术作为一种工具或媒介，可以用来控制输入、输出、计算、数据转换等工作。随着工具升级，产业中应用工具将实现设备、工艺、人力等各个领域的数字化提升和转型，以便应对出现相关领域与市场需求不适配的发展受限难题。

3. 不确定性

数字技术是在市场需求下催生而出的，而市场需求具有难以预期的变化性，这使得数字技术的研究开发与应用存在极大的不确定性。

首先，在数字技术开发方面，数字技术是技术不断创新的结果，是根据市场需求对知识及元素的整合重组，这种打破常规的整合重组具有很多种可能的结果，本身就很难被准确预期，增强了研究开发的不确定性。

其次，在数字技术应用方面，数字技术应用通常需要根据市场中不同行业、不同情境的技术、设备及产品进行整合，其整合的最终成果并不能预先得知，很可能产生超出预期的新功能，也容易引发不可预估的新问题。

最后，在数字技术演进方面，由前边的演进性可知，数字技术本身处于持续的升级过程中，每一次升级都代表了一次全新的元素整合重组，会产生预期之外的结果。同时，随着数字经济时代新业态、新模式的不断产生，市场变化日趋复杂，多重影响因素的叠加之下会进一步加剧数字技术的不确定性。

4. 外部性

由于数据的同质化，各类数字技术之间可以实现相互之间的沟通和交互，由此带来强烈的外部性。

一方面，数字技术可以促进形成用户主导型市场模式。在数字技术的帮助下，企业可以获得更多的数据源访问权限，提高数据采集效率，从以往分类逐条的数据采集方式升级到即时海量的数据采集方式，以便更加准确地把握市场及用户信息，获取更加强大的市场竞争力。通过持续收集用户使用习惯和产品运行等方面的数据，企业能够实现针对性的产品优化升级。在此情况下，市场上的优质产品将越来越多，用户对产品的总体预期与需求也将随之逐步提升，用户与竞争者共同带来的压力会倒逼其他企业加快转型步伐，从而迎合用户的需求，取得竞争优势，进而促进用户主导型市场模式的形成。

另一方面，数字技术可以推动形成产业价值网。数字技术打破了产业内部的信息壁垒，实现了产业链上企业之间更加紧密的连接，使产业内部资源加速流动，促进了能力互补与分工协作，最终构成一个网状价值创造系统——价值网。价值网与传统价值链相比能够实现效率更高的创新与协作，有利于其中的企业获得更多的价值创造增量。

二、代表性数字技术介绍

数字技术种类多样，最具代表性的有六大技术，分别是：大数据、云计算、人工智能、物联网、区块链、5G 技术，如图 1-4 所示。

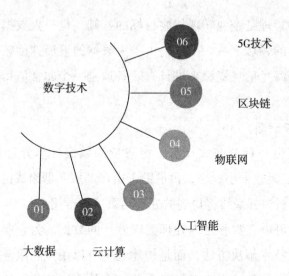

图 1-4 代表性数字技术

（一）**大数据**

大数据为企业提供数据服务。大数据本身是一种采集各种形式的数据，将其分类整理形成各种数据标签，对复杂的数据进行加工的技术手段。

将大数据技术应用于企业，可以从企业生产、管理等各个领域的数据中挖掘出更深层次的数据价值信息并准确分类标记，这些信息将为企业提供重要的参考。根据这些信息，企业可以更准确地预测市场需求、消费趋势、客户行为等信息，从而更好地制定营销策略，在调整产品设计和生产等方面做出决策；可以更好地了解市场情况，从而更快速地做出决策，提高企业运营效率；可以发现业务流程中的瓶颈，优化业务流程，从而降低企业成本、提高效率；可以更好地了解用户需求，提供更符合用户需求的产品和服务，从而提升用户的满意度和忠诚度。

大数据在企业有诸多应用场景有待开发，如业务分析、营销决策、数据分析等。随着大数据技术的发展和普及，企业需要更加高效地管理信息资源，利用先进的信息技术来提升管理水平，提高经营效率。对数据进行有效管理是企业实现战略目标的基础，也是大数据在企业中运用得最为广泛的领域之一。不过，由于大数据的发展速度较快，因此如何利用好这些海量信息资源来进行有效管理是一个非常值得研究和探索的问题。

（二）云计算

云计算是一种分布式计算，将海量的数据计算处理程序通过网络"云"拆分成无数个小程序，再借助于由多部服务器组成的系统来对其进行处理与分析，并最终将得到的处理结果反馈给用户。

云计算可以在数秒之内处理数以万计的数据，为企业提供的不是单纯的互联网技术解决方法，而是构建起一个以用户、服务、技术为中心的数字化基础设施，在企业内部有着巨大的应用价值，体现在通过规模化、敏捷化和平台化实现降本增效。

首先，云计算以规模化的方式减少了企业运营成本。企业云计算平台在成立之初的确需要较高固定投资，但是在搭建完成之后可以反复利用，几乎没有消耗，而且随着持续利用，边际投入将持续减少。即使后期需要增加个性化增值业务，也只要投入很少的边际成本，实现业务功能的多样化，无须从头开始去开发基础设施、平台和软件。从实质上看，云计算具有规模化带来的规模效应，能够从总体上降低企业管理所需要的成本。

其次，云计算以敏捷化的方式提升企业服务效率。云计算对企业业务的处理呈现出高度敏捷化的特点，通过业务功能拆解使业务系统变得更加灵活多样，每个环节都是多实例运作，系统的可用性与数据处理能力得到显著提升。此外，云计算在客户需求响应上呈现敏捷化特征，面向用户的企业服务云平台能及时响应客户需求，保证和客户永续连接，使得企业和客户互动更频繁，从而使得企业服务可以实现个性化与定制化。

最后，云计算以平台化的方式提升企业技术体系的效率。云计算是企业建立的一个面向全局甚至全产业链的优化开放技术系统，能够将其他数字技术集成到该系统中，简化系统架构和业务接口这些复杂难题，比封闭技术体系简单且迅速，进而提升企业技术体系的效率。

企业云计算目前已广泛应用于企业管理和业务决策的各个环节，为企业数字化提供了良好的平台。同时，云计算所具备的集成各类数字技术的作用也在逐渐得到发挥，如基于云计算环境构建的大数据分析应用系统，具有广泛的适用性。但是目前已有研究多停留在对数据进行存储与分析等基础层面上，未能深入如何将其转化为集用户行为信息、知识挖掘以及数据挖掘功能在内的更深层次服务能力，还有待技术的进一步升级与融合。

（三）人工智能

人工智能是研究开发用于模拟、延伸和扩展人的智能的理论、方法、技术及应用系统的一门新的技术科学。

人工智能系统在企业的应用价值体现在降低人工成本、提高运营效率、控制经营风险三个方面。

首先，人工智能系统能降低企业人工成本。企业可以采用人工智能系统代替传统的人工方式开展生产运营并提供各种服务，无须业务培训，仅靠程序设计就能完成任务，既能节省人工培训成本，又能增强服务的稳定性与一致性。

其次，人工智能系统能提高企业运营效率。对外来说，人工智能有助于拓展企业的业务范围与服务时效。如今很多企业都开发了自身品牌的智能手机应用或微信公众号、小程序，通过智能手机向客户实时推送自身产品信息、折扣活动等内容，让用户能够及时了解产品上新，与企业实现高效互动，人工智能系统的后台计算还能够根据用户的基础数据为用户提供定制化的信息与服务，从而使得企业能够做到精准营销，提升企业的营销运营效率。对内来说，人工智能可以实现对企业内部运营管理的实时监控、智能运行和信息反馈，节省了企业统一运营流程的作业时间，提高了内部运营管理的效率。

最后，人工智能系统能控制企业经营风险。人工智能计算精度高于人工计算，一般是在计算机系统内按照一定的条件设置进行实时的精密演算，当实际情况与设置情况不一致时，会及时预警潜在风险，有效规避因人员工作疏忽或者经验不足带来的生产操作或管理风险。

人工智能在企业的应用包括智能制造、智能管理、机器人服务等，特别是对传统产业改造升级具有更明显成效，是推动经济转型发展和提高人民生活质量的重要手段之一。

（四）物联网

物联网是通过约定的协议将原本独立存在的设备相互连接起来，并最终实现智能识别、定位、跟踪、监测、控制和管理的一种网络，无需人与人，或人与设备的互动。通俗来说，物联网就是"物物相连的网"，主要应用于智能交通、智能医疗、智能家居、智能物流、智能电力等领域。

近年，物联网正在飞速发展，从智能电视、智能家居、智能汽车、医疗健康、智能玩具、机器人等延伸到可穿戴设备领域。物联网将赋能智能硬件向多元的消费场景渗透，从而创造更加便捷、舒适、安全、节能的生活环境。以智能家居为例，借助物联网可远程控制家里的每一件智能家居，如电灯，电视，空调等，给人们的生活带来更多的便利。

当前，物联网在工业企业应用较多，主要用于预测性维护，即根据对设备数据的实时监控，通过长期历史数据的发展规律，预测趋势的变化，提前感知设备故障。积极主动地预测性维护可及时识别有风险的机器并更准确地诊断其健康状况。这不仅减少了停机的频率，同时也减少了停机时间，提高了生产效率并优化了维护流程。

物联网在企业中的应用还有待发展，未来将会有更多行业与企业受益。总之，物联网是互联网技术、信息技术和通信技术融合的产物。随着我国信息化水平的不断提高以及"工业4.0"战略的实施，物联网产业迎来了前所未有的快速发展期，成为全球信息产业的重要组成部分，并将持续带动新一轮科技革命和产业变革。

（五）区块链

区块链是按时间顺序依次连接数据区块形成链式数据结构，并通过密码确保数据区块不被篡改和伪造的一种分布式账本。区块链作为多项技术整合而成的集成创新技术成果，涉及密码学、共识机制和其他技术的综合运用，能够实现不信任主体的高级信任。

区块链应用于企业主要有六个方面的作用。

一是区块链能够提高交易支付结算速度，区块链交易确认流程涉及清算、交收、审计等环节，采取分布式核算的方式能够对各类交易进行实时清算，极大地提高工作速度。

二是区块链去中心化能缩短企业业务流程，节省大量人力物力，帮助降低企业经营成本。

三是区块链的透明性有利于降低信任风险，验证账本内容及构建过程的真实性与完整性，确保交易数据具有可信性和不可篡改的特性，在某种程度上增强系统的可追责性，进而降低信任风险。

四是区块链点对点网络海量分布式节点和计算机服务器保证了区块链各部分的相对独立运行，每个节点都有数据副本保存，即使有任何一环数据受到损坏，都不会对整体的操作造成影响，因此能够有效地预防系统故障与网络攻击带来的风险。

五是企业运用区块链可以使全部文件或资产都用代码或者分类账方式反映，再通过区块链中数据处理程序的建立来实现自动交易等功能，提高资金支付的自动化水平。

六是写入区块链中的所有记录都将被永久保存且无法篡改，所以对任意交易双方的交易情况都可以追踪和查询，以适应企业资金监管的要求。

区块链在企业中的应用场景包括供应链管理、财务管理等方面。在供应链管理方面，区块链能解决企业之间信息不对称问题，实现可追溯性，通过对交易双方数据进行加密，可以防止恶意欺诈行为发生，有效提高整个供应链运行效率，减少物流成本和时间费用。在财务领域，区块链技术可以为财务部门提供更加透明、高效的会计核算系统，使财务工作变得简单便捷，从而降低企业经营过程中所需要投入的资金数量和支出规模。比如，可以利用区块链去中心化账本来存储和计算财务报表；将应收账款与存货记录结合起来，从而实现账期预测；通过对财务凭证、发票、收据、票据代码证、合同等各种单据的数字化处理，实现电子凭证流转。

目前，已有多家大型科技公司参与了区块链技术研发，以阿里巴巴集团为例，其推出了区块链金融解决方案，核心产品是"阿里云钱包"。该方案基于阿里巴巴的支付宝和余额宝平台，具备实时清算、资金托管、安全备付等功能，让用户无须携带现金就可以方便地支付各类付款业务。

（六）5G 技术

5G 技术作为一种以高速率、低时延、大连接为主要特征的新一代宽带移动通信技术，已成为发展数字经济的重要基础设施之一，是数字技术的典型代表。

5G 技术在企业中具有丰富的应用场景。首先，5G 技术能改进企业数字营销方法与流程，例如，在 5G 技术的作用下，互联网的绝对速度将消除对某些搜索引擎优化（Search Engine Optimization, SEO）技术的需求，并代之以产生新的技术，搜索引擎优化方式和搜索引擎营销方式将发生改变，人们将能够更快地浏览网页，而网站所有者也不需要缩小他们上传到网站上的视频和图像。在此情况下，企业数字营销人员能够将更高质量的图像和视频上传到自身的网上营销渠道中，更好地发挥图文的影响力，提升消费者的观看体验，从而激发购买欲望。

其次，5G 技术能加强企业大数据分析，影响企业处理数据的方式，从而影响企业盈利能力和价值增长。在 5G 技术作用下，企业管理软件将在 5G 网络上运行得更顺畅、更高效、更快，大数据分析的效率将大幅提升。

最后，5G 技术能提高企业的数据安全性与完整性。一方面，企业系统的安全性取决于其对威胁的响应速度。例如，当恶意软件攻击系统时，反恶意软件的反应速度将决定病毒可以造成的破坏程度。借助 5G 技术提供的更快网络连接，企业信息技术（Information Technology, IT）团队将能够更快地识别和预防攻击。另一方面，5G 技术支持下，更快的网络连接将有效消除图像中的低质量压缩和数据传输过程中的麦克风回声问题，提高企业相关数据的完整性。

总之，5G 技术对企业的应用价值极高，在未来的发展中，5G 技术将与其他数字技术相结合，形成一个更加完善、智能的信息生态。因此，5G 技术时代下，数字技术融合将是大势所趋，成为企业数字化转型的重要基础建设。

三、数字技术的发展与应用

（一）数字技术的发展历程

电子计算机的诞生就是数字技术的起源，自 1946 年第一台电子计算机诞生开始计算，数字技术已历经计算机技术、互联网技术、数字技术三大发展阶段。

1. 计算机技术阶段

1946 年，美国着手开发的可编程通用计算机埃尼阿克在宾夕法尼亚大学宣告问世，标志着数字时代的开端。

自 1946 年电子计算机发明至 20 世纪 70 年代这段时期，是数字技术的第一个发展阶段，以计算机驱动为主，相继出现了真空管计算机、晶体管计算机、集成电路，计算机技术不断迭代升级，直到 20 世纪 70 年代，出现了使用大规模集成电路和超大规模集成电路的计算机，也被称为第四代计算机。

数字技术在互联网普及之前主要呈现为计算机技术，其本质是一种具备高水平计算能力的手段与设备，主要用于军事领域，还未走入人们的日常生活。

2. 互联网技术阶段

1969年，由美国组建的阿帕网一期工程投入使用，连接了加州大学洛杉矶分校、斯坦福研究院、加州大学圣巴巴拉分校和犹他大学四个节点，阿帕网应运而生，这是互联网的最初形态，标志着数字技术步入以互联网为主要载体的发展阶段。

阿帕网将通过包交换系统进行通信的数据格式化为带有目标机器地址的数据包，然后发送到网络上由下一台机器接收。数据包即通过网络在计算机之间传输的数据，在计算机网络中的位置举足轻重。随后互联网逐渐发展成熟，形成一个由无数个子网组成的全球信息网络，每个子网中都有若干台计算机。到了20世纪80年代，全球建立了众多超级计算机中心，逐渐有大学、私营的研究机构。1993年，万维网和浏览器的应用使互联网实现了平台的创新，网站内容不再是单纯的文字展示，而是可以呈现出图片、声音、动画、影片等多种媒体形式的交互展示。这种应用迅速风靡全球，掀起了一场信息化革命。从此，网络开始融入人们的生活，以其快捷方便、资源共享等特点改变着人们传统的生活和生产方式。

自1969年到2015年，数字技术发展都处于互联网技术阶段。互联网技术就是在计算机技术的基础上，进一步开发建立的一种信息技术。在互联网技术应用普及的推动下，各产业、行业、企业都纷纷将发展战略聚焦信息化。通过信息化将一个顾客、一件货物、一个业务规则和一段业务处理流程方法以数据形式输入信息系统，将现实世界中的信息转化为数字世界中的结构性描述。这种模式的本质与数字化基本一致。只不过，信息化时代以流程为中心，以信息系统为手段，数据仅仅作为信息系统的副产品，尚未成为关键的生产要素。

3. 数字技术阶段

万维网在 20 世纪 90 年代被发明后，尽管信息领域不断有新热词涌现，却始终未有被称为基本创新的伟大发明问世。直到 2016 年，这一年具有十分重大的意义，是计算机发明 70 周年、人工智能提出 60 周年、光纤通信提出 50 周年、微处理器发明 45 周年、量子计算机提出 35 周年、电子商务提出 20 周年、云计算提出 10 周年，自此数字技术迈入全新的发展阶段。

2016 年之后，伴随半导体制造工艺的进步，大数据、云计算、人工智能、区块链等新一代数字技术已经深入经济社会的各个领域，包括教育、医疗、金融、交通等，实现了多种技术的交叉应用，重塑了各行各业的发展模式，产业数字化转型速度加快，工业互联网、智慧农业、数字贸易等新业态相继出现，带动数字经济发展，数字化转型一时之间成为世界焦点。

数字化并不是把信息化推倒重来，而是在整合与优化信息化的基础上，利用新一代数字技术手段，支持产业、行业、企业的数字化转型。从某种角度来说，数字化就是全面的信息化。

现如今，数字技术已经实现产业化。数字产业化通过数字技术的市场化应用形成数字产业链和产业集群。简单来说，数字产业化就是为产业数字化提供数字技术、服务和解决方案，以及完全依赖于数字技术、数据要素的各类经济活动，是数字经济的核心产业，包括电子信息制造业、信息通信业、软件服务业、互联网业等。根据中国信息通信研究院发布的《中国数字经济发展报告（2022 年）》数据显示：2021 年我国数字经济规模达到 45.5 万亿元，占 GDP 比重达到 39.8%。其中数字产业化规模为 8.35 万亿元，同比名义增长 11.9%，占数字经济比重为 18.3%，占 GDP 比重为 7.3%，数字产业化发展正经历由量的扩张到质的提升的转变，彰显着数字技术的持续更新与应用普及。

（二）数字技术的应用

数字技术最直接的应用表现就是数字化。伴随着数字技术的广泛应用，人类社会已经步入了数字经济时代，所要解决的问题主要是大规模生产条件下资源的优化配置问题。如今，数据已经成为经济发展的关键生产要素，数据的要素价值得到充分释放，推动着资源的配置优化，提高全要素生产率，经济领域各行业纷纷开始数字化转型，以应对复杂多变的不确定性环境。[①]

在数字化转型过程中，大数据、云计算、物联网、工业互联网、人工智能等多种数字技术扮演着各自不同的角色。具体来说，各类传感器如同人类的感知器官一样，能感知到外界万物，并实时收集到外界感知数据，然后大数据中心把各类数据聚集起来，像仓库一样存储数据，为处理和加工数据提供平台，交由云计算技术通过弹性计算手段，实现生产资源实时的计算和调配。人工智能则通过对人类思维的仿真，把人类各种专业知识有逻辑地转换成算法规则，加强了机器对事物的认知能力，不断提供更加智能的决策服务，并在持续的数据供给下实现自身能力的优化。简而言之，多种数字技术融合能够催生新业态并推动经济发展模式变革和升级，实现全面数字化。

---

① 李琳，刘凤委，李扣庆.会计演化逻辑与发展趋势探究：基于数据、算法与算力的解析[J].会计研究，2021（7）：3-16.

第三节　企业会计的基本理论

一、企业财务会计的基本理论

（一）企业财务会计的定义

在《企业会计准则》和相关规范指导下，企业财务会计是建立在企业已经发生或已经完成的经济活动所形成的数据信息之上，通过填制凭证，登记账簿和编制报表这一系列会计程序向企业提供有关财务状况和经营成果的总体资料的经济管理活动。

企业财务会计提供的资料，不仅为企业经营者及内部有关管理部门制定经营决策、实行必要的控制提供了依据，也为投资人、债权人、政府机构和其他企业外的有关利益者提供了依据，满足了他们对投资、贷款和宏观调控方面的信息需求。这一对外性决定了财务会计的实质就是对外报告会计。

（二）企业财务会计的目标

企业财务会计目标随社会制度、经济体制等客观环境不断发生变化，虽然不同的信息使用者对会计信息有不同的需求，但最终目标都是获得受托责任评价。企业财务会计根据责任需要，通过财务报告（含财务报表）为使用者提供企业信息。

具体来说，企业财务会计的主要目标是向企业内部管理决策者以及企业外部利益相关者提供企业财务状况、经营业绩等信息，包括企业资产、企业负债、所有者权益、财务状况变化以及其他各种财务和非财务信息，使这些信息的使用者对企业财务实力、变现能力、偿债能力、经营业绩和获利能力等有更加深入的认识，帮助其做出投资和借款等一系列决策。

（三）企业财务会计的基本职能

核算与监督是企业财务会计的两大基本职能。

1. 核算

会计的核算职能，又称反映职能，是指将会计信息传递给相关利益者的一种职能，即会计主要用货币作为计量单位，对企业经济活动进行确认、计量与报告。在整个会计核算过程中，记录是全部工作的依据，但记录的成果所反映出来的往往只是事物的表面现象，只有对原始数据进行必要的计算加工和综合分析，分类概括成一系列财务信息才能深入经济过程内部，揭示客观事物之间的本质联系，实现最终的反映职能。

会计核算作为企业经营管理中一项重要而又基础的工作，既要真实地记录和提供企业一定时间内生产经营成果和财务状况等有关信息，又必须及时地向会计信息使用者提供对决策有用的信息。会计核算贯穿企业全部经济活动过程，是财务会计的基本职能之一。

2. 监督

会计的监督职能，又称控制职能，是指会计人员在展开核算的同时，对企业的经济业务是否真实、合法、合理加以审查。会计监督通常通过会计确认实现。我国财政政策、法规、企业会计制度与预算等都是会计监督实施的依据。财务会计对企业经济活动中的有关资料进行会计确认之后，对符合会计确认标准的资料进行处理，从而提供反映计划或预算实际执行情况的财务信息，并以此为依据对企业经济活动是否符合国家财政政策、规定，有无偏离计划、预算，有无取得预期收益等情况进行分析与检验，从而使企业管理部门能及时采取应对措施，对其经济活动进行必要的调整。

（四）企业财务会计的工作循环

企业财务会计工作就是对企业经济活动数据进行加工处理并形成分析报告，主要由会计确认、会计计量、会计记录、会计报告四个步骤组成，并循环往复。

1. 会计确认

会计确认是指基于一定的准则或方法，对企业的各项经济活动以及由此而产生的数据加以分类与确定，并划分清楚其所具有的会计要素性质与类别，即把某项会计事项正式纳入会计报表，成为资产、负债、所有者权益、收入、费用或利润。

会计确认首先要确定某一经济业务是否需要进行确认；其次应明确在什么时候确认；最后应当确认该项业务属于何种会计要素。会计确认分为两个阶段：第一阶段要解决会计记录问题；第二阶段要解决财务报表披露问题。前一种叫初始确认，而后一种叫再确认。

会计确认的方法有收付实现制和权责发生制两种：收付实现制是指企业在生产经营过程中发生收入时或产生费用时将收入与费用进行分配；权责发生制则是指企业在取得收入后或发生费用后，将收入和费用按照一定比例作为支出计入当期损益。相比而言，权责发生制能较真实地反映企业本期经营收入和经营费用，较准确地测算和确定经营成果。

根据《企业会计准则》，企业财务会计确认要采用权责发生制。企业财务会计在按照权责发生制进行工作时应做到以下两点：第一，凡是当期已经实现的收入以及已经发生或应当负担的费用，无论款项是否收付，都要作为当期收入或费用在利润表中列支；第二，凡不属于本期的收入和费用，就算款项在本期收付，亦不列为本期的收入和费用，不在利润表中体现。因此，企业在使用权责发生制的过程中，会计期末一定要对账簿记录做必要的项目调整，才能够使当期收入与费用有一个合理比例，以便更准确地计算企业当期损益。

2. 会计计量

会计计量是在一定的计量尺度下，运用特定的计量单位，选择合理的计量属性，确定应予记录的经济事项金额的会计记录过程。企业会计计量工作是企业经营管理的重要内容之一，而对会计计量方法进行合理选择和使用则是其有效实施的基础。会计计量由计量单位与计量属性两部分组成。

会计计量使用货币作为计量单位。在没有恶性通货膨胀时，通常用名义货币为计量单位进行计量。以名义货币计量指不论各期货币实际购买力怎样变化，会计计量均以固定货币单位进行计量，即未对各期货币购买力进行调节。

会计计量属性则是被计量对象所具有的性质或外部表现，也就是对被计量对象进行数量化。会计主要计量属性有历史成本、重置成本、可变现净值、现值、公允价值。其中，历史成本通常反映的是资产或负债过去的价值，而重置成本、可变现净值、现值和公允价值通常反映的是资产或负债的现时成本或现时价值，是与历史成本相对应的计量属性。公允价值既可重置成本又可作为可变现净值，还可作为用公允价值计量的现值使用。

3. 会计记录

会计记录就是将经会计确认和会计计量后的经济业务通过某种方式进行记录的过程。会计记录主要有设置账户、复式记账、填制审核凭证、登记账簿等方式。

设置账户指按规定的会计科目，在账簿上设置有特定格式、特定结构的账户，分类反映会计要素各项目的增减变化情况，这是会计要素分类核算的一种手段。

复式记账就是把每项经济业务按相等数额同时记入两个或多个相关账户的记账方法。

填制审核凭证要以记载经济业务、明确经济责任为目的，构成书面证明，为登记账簿提供依据。会计凭证根据填制的程序及目的，可分为原始凭证与记账凭证两种类型。

登记账簿是指根据会计凭证对各种经济业务进行全面、系统、连续记载的簿籍。建立并登记账簿是会计工作赖以进行的基本环节，也是连接会计凭证和财务会计报告之间的中间环节，为之后财务会计报告的编制工作提供依据。

4. 会计报告

会计报告主要根据日常核算资料编制而成，总括地反映企业在一定期间的经济活动及其经营成果，可用作给使用者传递信息的工具，其主要形式就是各种财务报表、附注及财务情况说明书，其中包括资产负债表、利润表、现金流量表，以及有关附表。

会计报告是企业会计信息的真实记录，不仅具有一般财务资料不可替代的作用，而且对于了解过去一段时间里的经营管理状况、评价企业财务状况以及进行合理决策都有重要意义。因此，如何使财务报告能够更加全面、准确地提供客观公正的信息已经成为现代会计研究领域中值得探讨和深入探索的课题。

二、企业管理会计基本理论

（一）企业管理会计的定义

企业管理会计是对企业内部各项经济活动做出预测、决策、规划、控制和评价，并向企业管理者提供相关信息，以实现企业经济效益和企业价值最大化的管理活动。

管理会计是从传统财务会计中分离出来的会计分支，从管理会计的定义即可看出，管理会计的服务主体与财务会计不同，财务会计公开面向的是企业内部与外部的所有信息使用者，本质是对外报告会计。管理会计的主体则是企业的内部管理者，是满足现代企业经营决策和财务管理的需要，因而也称为"分析报告会计"。

（二）企业管理会计的目标

企业管理会计的核心目标在于决策有用性，包括整体目标和具体目标两个层面。

从整体目标来说，企业管理会计旨在加强企业内部经营管理，提高企业经济效益。即通过对企业的生产过程、销售过程、财务管理以及人力资源管理等各环节进行有效控制，以达到降低运营成本和优化资源配置的目的，从而长期、持续地提高企业整体经济效益。

从具体目标来说，企业管理会计旨在财务会计工作的基础上，进一步拓展会计的职能，通过应用管理会计学的基本理论、方法和技术，对经济信息进行预测，从而向企业内部各级管理人员提供内外部有用的综合信息，参与企业的经营管理过程。

（三）企业管理会计的职能

企业管理会计的职能包括预测、决策、规划、控制和评价五个方面。

企业管理会计的预测职能是通过利用历史或者现时会计资料和其他有关资料，借助系统、科学的工具与方法，采用定量分析模型或者定性分析手段，实现对企业经济业务未来发展状况的事先预计和猜测，如资金需求量、销售利润、销量等的预测。这些预测数据可以为后续的企业资金配置、业务活动等管理决策提供依据。

企业管理会计的决策职能是最核心的部分，以提供与决策相关的信息为手段参与企业管理决策中。具体地说，管理会计根据企业决策的需要来搜集和整理相关数据，选择合适的方法计算出长期和短期的决策方案评价指标，并进行合理的财务评价，帮助企业管理者做出科学的决策。

企业管理会计的规划职能是对企业的经营活动编制各种计划和预算，合理高效地组织和协调企业经营链条上的各个环节，发挥企业在人、财、物方面的配置功能，确保预算的落实，从而为控制企业的实际经营活动打下基础。

企业管理会计的控制职能是指采取措施对企业实际经济活动进行管控，使之按规划的目标运行。具体来说，管理会计要在事先编制预算的基础上，对企业的经济活动进行实时控制，对已经发生的所有实际经济活动进行同步计量、记录和报告，将实际数据与预算数据进行实时对比，判断实际数据和预算数据是否存在偏差，衡量差异大小，分析差异产生的原因，并由此推定有关责任。对不利差异提出改进措施，必要时也可结合实际对预算数据进行修正，确保规划的顺利达成。

企业管理会计的评价职能主要表现为评价与考核企业的经营业绩。主要体现在事后根据各责任单位定期编制的业绩报告，将实际发生数与预算数进行对比、分析来评价和考核各责任单位的业绩，以便奖勤罚懒、奖优罚劣，正确处理分配关系，保证经济责任制的贯彻执行。

总之，管理会计的五项职能相互联系十分紧密，预测是决策的前提，决策是规划的基础，规划既是预测、决策的综合反映，又是经营目标的具体化，是进行控制与评价活动的基础，而控制又保障着规划的实施，最终又借评价来考核决策、规划、控制的全过程，使企业能对今后的经济管理活动进行新一轮的预测与决策。

（四）企业管理会计的工作内容

企业管理会计的工作内容与职能是相互对应的，主要分为两部分：一是成本控制，二是管理决策。

1. 成本控制

首先，管理会计根据企业生产经营目标，编制企业的全面预算，确定目标成本和目标利润，并提出增收节支的措施，保证成本目标和利润目标的实现，提高经济效益。其次，根据预算建立财务成本控制体系，对成本和资金进行控制，保证销售目标和利润目标的完成。最后，建立成本和利润责任中心，编制责任预算，保证企业生产经营目标的实现。通过对各责任中心业绩报告的实际数与预算数的对比，考核评价各责任中心的成本控制工作实绩和经营效果。

2. 管理决策

管理会计通过对企业成本、销售和利润的预测，从经济专业出发，运用成本性态分析和本量利分析等动静态指标手段，对长短期的投资、生产和定价进行数据分析，然后通过管理会计报表系统进行报告，参与生产经营短期决策和长期投资决策，为决策者提供有关决策分析的信息。

管理会计报表不同于由三大报表组成的财务会计报表。管理会计报表面向企业内部高层管理人员以及董事会成员，涵盖了生产、费用、成本、销售、采购、存货、人力资源、资金、边际贡献等多个方面的数据，且重点进行数据的对比分析，包括与往年同期比较、与静态预算比较、与动态预算比较，从不同维度及时准确地分析企业过去与现在的运营情况，并预测企业未来的发展趋势，为决策者提供准确的判断和参考方案。

第二章 企业会计转型分析

数字技术驱动下，企业会计的工作环境发生了很大变化，带动会计的理论、原则、工具方法等内容随之发生改变。这些变化引发整个经济从宏观到中观，再到微观的需求变化，每个层次都需要更加有力的会计信息支持。在信息需求的导向下，企业会计转型就成为一种必然趋势。最直接的表现就是财务会计向管理会计的转型，随之使会计组织从财务共享中心转变为企业数据中心，实现会计工作流程的全面数字化。这些都是为了更好地对内提供会计信息，帮助企业经营决策与管理。

第一节 数字技术驱动下的企业会计变化与转型趋势

一、数字技术驱动下企业会计的新变化

（一）企业会计假设的变化

传统的会计假设包括会计主体假设、持续经营假设、会计分期假设、货币计量假设。数字技术驱动下，第四次科技革命对会计管理方式产生了重大影响，企业会计假设发生了很大变化。

1. 企业会计主体假设的变化

企业会计主体是指会计工作所服务的具体对象，是企业会计确认、计量与报告的空间范围。基于会计主体假设，企业应将自身发生的交易

或者事项通过会计确认、计量与报告，来体现企业自身开展的一切生产经营活动及其他有关活动。会计主体与法律主体是有区别的。通常情况下，法律主体即是会计主体，但是会计主体未必是法律主体。例如，生产车间、分公司、企业集团等都可成为会计主体，但这些组织形式不构成法律主体。

会计主体假设的提出是为了把不同组织范围的会计信息加以区别，厘清会计核算空间范围及经济权利与责任归属主体，有利于更好地进行决策。比如，把企业各分公司都看作一个单独的会计主体来进行成本费用的归集，能够有效地发现各分公司的成本费用消耗不合理之处，以便提高成本管理水平。

在数字技术驱动下，企业会计主体外延正在发生变化，其结构与职能很不稳定。经济主体不断进行跨地区、跨行业的分化、重组、兼并，一些自由组合的经营主体极有可能根据自己交易事项的需要而不断重新组合为新主体从事经济活动，给确定会计主体带来了一定的难度。另外，传统产业借助数字技术所搭建的网络交易平台，瞬间就能完成多项交易，由此产生众多新型网络经济主体，这类主体不仅规模大，而且随时都可能开展清算，会计主体的界限很难界定。总之，企业在数字经济环境中快速分合使会计主体呈现多元化、不确定性等特征，原先应用的会计准则也随之产生不适配的情况。如果缺乏明确的会计主体假设，就会导致会计报表内容无重点、无意义。

在此情况下，企业会计主体假设逐渐从"会计主体"过渡到"会计组织"，每一个会计组织由若干个独立的个体单位聚合而成，既能以会计组织的形式整体向外披露会计信息，也能以个体单位向外发布经营成果或形成小范围关联组合，联合向外发布经营成果。

具体有两种形式：第一种形式是把所有关联单位合并成一个"会计组织"向外发布信息。在数字技术驱动下，相关的经济主体之间联系愈发密切，信息互联互通，如若分别反映某一经济体的信息则会计报表并不完整，这就要求相关经济体共同构成一个新型"会计组织"来向外界合并进行信息披露，同时内部各企业主体也能单独作为会计主体。第二种形式是把产业链上的企业主体合并成一个"会计组织"向外报告信息。数字技术驱动下，同一产业链上企业主体之间的信息传递更加迅捷且企业主体之间的合作愈发密切，共同形成一个小范围的经济组织，因而从总体上合并成一个会计组织来体现经营成果具有一定的报告价值，同时各企业主体也能作为独立会计主体报告会计信息。

2. 企业持续经营假设的变化

持续经营假设是假设企业的经营将在可预见的未来继续进行下去，没有终止经营的计划，也不打算破产清算。

数字技术驱动下，信息实现充分共享，市场竞争性的提高，使各经济主体之间的竞争越来越激烈，运营风险增大，重组现象频繁发生，极大地冲击了企业的持续经营假设。在这种情况下，企业运营环境中的不确定性因素越来越多，会计主体随时都可能进入清算程序。同时，企业在数字技术的支持下提高了资源优化配置的速度。在市场需求导向下，为实现收益最大化，优质资源和产业结构会迅速聚合，及时介入，适时退出，导致短暂性经营现象越来越多，项目完成后主体会迅速解散，这在一定程度上为持续经营假设带来了颠覆性变化。

为此，企业综合持续经营假设思想与破产清算假设思想，逐渐出现从"持续经营"向"风险经营"的转变，构建风险经营假设，从而形成发现风险、规避风险的机制，如果风险失控即可进入破产清算，阻止经营损失的发生。

3. 企业会计分期假设的变化

企业会计分期假设是持续经营假设的派生假设，将企业的经营划分成若干相等的时间段，以便对企业经营成果进行分期计算与判定，并定期编制会计报表，及时为企业提供企业财务信息。企业会计分期一般为年度和中期。

数字技术驱动下，企业会计信息得以充分挖掘，对于企业决策所发挥的作用日益凸显，因而会计信息使用者对于信息的提供频率要求越来越高，月度、季度、半年度、年度的会计分期已经不能满足实时了解会计信息的需求，因而导致企业会计分期假设产生进一步的细化。

具体表现为两个方面：一是会计分期的缩短，在数字技术的支持下，各类财务系统能实现会计数据的实时更新，满足企业决策者随时调取会计信息的需求，以便及时把握企业内部情况，快速响应市场变化，做出科学合理的经营与管理决策；二是会计信息报告的定制化，企业报告会计信息不再以分期为标准，将某一期限内全部的信息进行报告，这种报告形式很难满足不同信息需求者的预期，通过大数据、云计算等技术对会计数据的迅速计算与归类整理，企业会计可以向不同信息需求者报告其需要的特定期限内的特定数据，如随时可以为业务提供某一特定事件或活动发生期间的某一产品的销售信息数据，帮助业务发现某一产品销售与某一特定事件或活动之间的关联规律，以便更好地进行业务决策，在下一次类似事件或活动发生之前提前制定销售策略。

4. 企业货币计量假设的变化

货币计量假设就是使用货币单位表示交易或者事项，会计人员使用货币对企业经济业务活动进行计量和结果传递。

数字技术驱动下，数据成为关键的生产要素，结构化和非结构化的信息都被纳入会计信息范畴，其中很多信息是很难用货币进行计量的，如人力资源、品牌附加值、区位优势等，因而当前仅以货币计量的方式报告财务信息很难满足信息使用者的需求。同时，数字经济催生众多新经济体，信息化支付的方式花样百出，第三方支付平台的大量涌现促使货币本质由有形到无形往复变化，非货币性支付方式日渐常态化。

在此情况下，企业货币计量假设将逐渐向货币计量主导、货币和非货币计量共存的假设体系转变，针对一些难以用货币计量的信息采用非货币计量方式进行会计信息报告，建立起"以货币计量为主、非货币计量为辅"的会计理论体系。

（二）企业会计确认与计量的变化

收付实现制与权责发生制一直是企业会计确认与计量的处理基础，不过在收付实现制下，企业费用与受益期之间不能合理配比，收入与发生的相关费用之间也不能合理配比，当期利润难以客观反映企业当期的经营成果。权责发生制下，企业确认的每期收入、费用既能体现费用与受益期之间的合理配比，也能体现有关收入与发生的相关费用之间的合理配比，可以更客观地反映企业每期的经营成果，比采用收付实现制更具合理性。然而权责发生制也有其局限性，即企业当期的一部分利润对应的是应收账款而非现金。这样就导致即使企业利润为正数，也无法说明当期赚取了多少现金。更有甚者，一旦应收账款后期转为坏账，企业前期确认的利润就不复存在，反而成了损失。

随着数字技术的应用，传统的收付实现制与权责发生制已经难以满足企业发展需求，基于此，现金流动制确认机制应运而生。该机制不仅能够综合反映企业一定时期内损益状况，而且能够全面反映企业现金的流量、存量、流向、流速，如实反映企业的偿债能力与应变能力，能够为会计信息使用者提供更有价值的信息，助力企业决策或股东投资决策。与此同时，会计确认基础的创新也随之带来会计计量的变化，公允价值和未来现金流量价值这两种计量属性的应用将更加广泛。

值得一提的是，数字技术驱动下，数据成为关键的生产要素，当数据进入交易市场，数据资产的确认和计量就不得不成为企业会计确认与计量研究的新课题，能给企业带来潜在经济利益。数据资产不仅自身能够直接创造价值，参与市场交易，而且可以间接帮助企业已有的产品或服务获得收益的提升，赋能业务发展，提升经营管理水平。当数据既可以被企业所控制或拥有，为企业带来收益，且能够被可靠计量，这些条件都得到满足之后，数据即可作为一项资产被确认。

从数据资产计量角度来说，目前数据资产还未纳入企业会计核算体系，数据资产的初始计量与后续计量还有待进一步探索。一般的计量方法有三种：历史成本法、公允价值计量法、评估计量法，具体方法的选择取决于特定数据资产的获取成本或市价能否被可靠获得。

（三）企业会计信息质量要求的变化

传统的会计信息质量要求包括八项原则：可靠性、相关性、可理解性、可比性、实质重于形式、重要性、谨慎性和及时性。数字技术驱动下，社会经济环境发生了巨大变化，会计所处环境也随之发生改变。面对全新的价值创造方式和充满变数的大环境，企业对其内部管理、经营风险控制的要求日益提高，因而强化了对会计信息质量的要求，呈现出一系列新的变化，其中尤以社会化、大数据、实时性为主要质量要求，如图 2-1 所示。

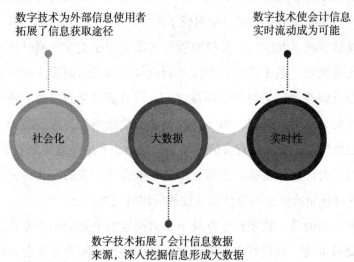

图 2-1 企业会计信息质量要求的变化

1. 社会化

市场经济多样化经营模式下，所有权和经营权进一步分离，产生了较多外部信息使用者，会计信息质量要求逐步社会化。数字技术驱动下，当前市场的外部会计信息相关性欠缺的问题有所缓解，这是由于技术为外部信息使用者获得更多非会计信息提供了渠道，使其能够深入了解人才、知识等无形资本的投入，平台资产的网络效益，数据的价值创造功能，乃至行业地位所产生的价值差异，而这些信息都无法用传统的会计信息体现。因此，社会化正在成为企业会计信息质量的新要求，其目的是满足更多外部信息使用者的需要。

2. 大数据

企业会计信息披露本身首先是一种受政府监管、遵从法规的行为，随着数字技术的应用，会计信息披露产生的价值不再局限于外部，企业内部对于会计信息质量的要求开始逐步显现出来。

对于企业内部会计信息使用者来说，企业所报会计信息已不再属于公共物品，运用数字技术能够最大限度地挖掘信息对于企业本身的价值。例如，企业归纳整理成本和收益的会计信息并向外公布，这一过程产生的价值显然比不上利用会计信息和业务信息的比较分析，从而对企业业务发展决策提供支持所创造的价值。在此情况下，传统局限于单纯会计信息的小数据采集方式已经不能适应企业内部对于会计信息的需要，企业必须利用大数据技术对会计信息和非会计信息（业务信息）进行深入挖掘，整合形成财务大数据来满足企业内部需要。因而，大数据将是新时期会计信息质量高低的一个重要衡量指标。

3. 实时性

数字技术驱动下，企业会计信息质量正在不断提升，除通过提高会计处理规范化水平来减轻会计信息失真之外，企业会计信息质量要求更多地表现为对"实时性"的追求。如何通过企业各业务环节的数字化、在线化转型以实现各种会计信息与非会计信息（业务信息）的实时流动，以便支持企业对于市场环境实现实时了解并及时调整经营管理策略，是企业当前面临的重要课题。因而，实时性也是当前企业会计信息质量的一大新要求。

（四）企业会计程序的变化

对企业会计程序来说，传统会计行为程序多由总账、明细账、现金日记账、银行日记账、原始凭证、记账凭证、会计报表等内容构成。数字技术发展创造出具有数据驱动特点的数字化企业，但与此同时，对会计信息质量要求的变化促使会计的重心更多地转向服务于企业本身，因而会计信息获取与利用方式也表现出鲜明的数字化与服务化特点。这对企业会计程序产生了较大的影响。

目前，已有较新理念的企业开始采用事件驱动方式的会计程序，即把原始凭证直接录入数据库中并进行归类，再由企业决策者在需要依据这些信息进行决策的时候随时进入数据库调阅，根据归类设计程序生成个性化、定制化的信息，仅提供与该决策相关的重要会计信息，而非全部整体的会计信息，不再需要决策者从中找寻有价值的信息，方便决策者发现信息中暗含的价值规律。这种会计程序的本质就是利用不同事件程序即时组合成事件相关信息供信息使用者参考。

（五）企业会计规范的变化

数字技术驱动下，经济全球化进程加快，知识经济社会到来，世界会计规范标准呈现逐渐趋同之势。这种趋同的态势终将形成一个国际性会计准则，覆盖全球范围的会计行为。

近年来，我国会计准则也在积极坚持与国际趋同，不断完善企业会计准则体系在提高资本市场认可度方面的成效。在数据资产已成为重要生产要素之一的前提下，我国高度重视数据要素市场，激活数据要素潜能，对数据资产相关会计准则展开深入研究，解决何为数据、数据资源以及数据如何分类的问题，并进一步分享和探讨是否应该制定专门的数据资产有关的会计准则、数据资产面临的法律权属和估值问题、如何借鉴国际经验等。

在会计准则国际趋同的同时，企业会计报表规范也产生了新的变化，会计报表在格式上呈现多样化，在项目编制方面按照会计要素创新能力与获取知识能力、信誉度进行列示，且内容既要体现有形资产、历史成本信息、财务信息，又要体现无形资产、公允价值信息，以及非财务信息。企业会计报表的报告方式也从定期报告转变为适时报告、按需报告，从纸质报告转变为无纸化报告。

二、变化背景下的企业会计转型需求

数字技术驱动下，企业会计发生了很多新变化，在这一背景下，立足宏观、中观、微观层面，企业会计转型呼之欲出，如图2-2所示。

国家经济转型走高质量发展道路需要高质量会计支持

企业战略实施的事前规划、事中的调整、事后评价都需要会计转型提供更充足的信息支持

企业财务管理水平提升需要企业会计转型来支持财务决策

图 2-2　企业会计转型需求

（一）宏观需求：国家经济转型需要会计转型

立足国家经济这一宏观领域，我国自加入 WTO 以来，经济持续快速增长，随着社会的进步，经济发展模式需要与时俱进，经济转型成为当前发展的主要命题。2017 年，我国提出高质量发展的概念，将关注重点从经济发展速度转变为经济发展质量，实现经济转型。

会计作为一门为经济发展服务的基础性和应用型学科，在经济转型这一重要历史阶段中必将发挥着无法取代的作用，在以大数据、人工智能、云计算等为代表的数字技术驱动下，传统会计假设、确认与计量、信息质量要求、程序、规范都发生了众多新变化，在这一背景下，会计服务经济转型的基础手段和工具更加丰富。数字技术可以协助会计人员对宏微观经济数据进行实时、准确、安全的采集，从快、精、准三个层面实现会计信息处理与存储，为经济市场的管理者与决策者便捷、智能、人性化地提供所需要的宏观和微观信息。经济转型发展需要有高质量的会计支持。具体而言，高质量的经济发展持续改善劳动效率、资本效率、土地效率、资源效率、环境效率，持续提高科技进步的贡献率、全要素生产率，这些都需要会计准确核算有关经济指标，并对其进行预测、评价与监督。

简言之，我国经济转型走高质量发展道路需要高质量的会计支持，数字技术则为实现会计转型，提升会计服务质量与水平提供了有效助力。唯有不断探索数字技术在会计领域中的运用方式与规律，时刻牢记为经济发展服务的使命，会计领域才能把握发展方向，发挥最大的价值。

（二）中观需求：企业战略实施需要会计转型

聚焦企业战略管理这一中观领域，战略是企业发展的关键。抓住了事物的关键，就能带动其他环节的发展。在当前竞争激烈的市场环境中，企业要增强自身核心竞争力并巩固市场竞争优势，就必须制定合理的发展战略。同时，企业战略管理要获得预期成效，就不能只做表面功夫，必须将战略落到实处。这就需要企业对内外部因素进行深入分析，其中，内部因素主要有企业的资金、运营、风险等；外部因素主要有国家政策、行业前景、市场变化等。会计信息恰能为企业分析上述内外因素提供信息。

具体而言，会计信息有很强的相关性，由企业过去的发展情况数据和现在的财务情况数据组合而成。企业通过对各类会计信息的剖析可以挖掘到对诸多决策有用的信息，帮助战略的实施。

1. 会计信息预测企业资金状况

会计信息包含资金流动情况、现金收支情况、偿还债务情况等，及时而精准的会计信息能够让企业管理决策者提前获知企业经营情况，在制定企业战略时能够更加贴合企业的实际，统筹规划好企业的各项资金，这对后期的战略实施至关重要。同时，这些会计信息对于企业战略的适时调整也具有重要的作用，能帮助企业达到长期发展目的。

2. 会计信息提升企业管理能力

由于会计信息能够以数字形式表达，直观地反映出企业生产、经营、管理与销售状况，企业管理决策者可整理、加工并分析有价值的会计信息，由此洞悉企业在战略实施过程中存在的一些问题，结合已有战略规划采取必要的可行性解决措施，以改善企业运营现状，促进企业整体管理水平的提高。

3. 会计信息反映企业战略是否正确

企业战略的实施影响企业的整体运行，在企业战略实施进程进展到一定时期后，会计信息所反映的资产负债、经营成果、现金流量，是对企业战略实施成果的最好反映，对比企业战略实施前后的绩效结果也能直接发现企业战略是否取得了预期的成效。当前我国经济体制在不断地进步与完善，为了应对行业日益激烈的竞争，企业必须对会计信息有一个确切的认识，明晰战略与企业愿景是否契合，找到发展的出路。

总之，无论是战略实施前的规划，还是战略实施中的调整，抑或是战略实施后的成效对比，会计都能完整地反映有价值的信息，帮助企业决策者制定合理的战略、深化战略的实施、检验战略制定的合理性并进行相应的调整。一旦企业会计信息失真，则会直接误导企业决策者走上歧途，很可能会给企业造成重大经济损失。所以，企业的发展离不开企业战略，而战略的实施必然需要企业会计的支持。传统的会计信息反应速度已经跟不上当前企业决策调整的速度，此时，会计转型就成为一件迫在眉睫的事情。要想使会计更好地服务于当前企业快速变化的战略调整，就必须走会计转型之路，提升会计服务水平。

（三）微观需求：企业财务管理需要会计转型

聚焦企业财务管理这一微观领域，加强企业内部财务管理与内控机制建设是深化企业改革、实现企业内部企业治理的客观要求，也是企业发展到特定阶段的客观产物，企业的成功离不开高水平的财务管理。企业必须加强企业内部会计控制，建立健全财务管理制度，以提升企业管理者的决策能力。同时提高企业资产的运用效率，使整体实力迈向一个新的台阶。

现代企业制度要求企业的所有权和经营权分离，针对这种情况，必须提高企业的财务管理水平，实现对相关经营者履职行为的监督，进而实现企业与投资者利益的共赢，实现社会效益和经济效益双赢。

企业财务管理活动的开展离不开会计信息。在企业的财务管理活动中，决策方法多种多样，但是这些办法的应用均需在相关会计信息的支持下方能得到有效应用。

首先，过去企业对会计信息的理解仅仅是一张表、一行行数据，不仅传递缓慢，而且检索困难，十分影响财务管理决策的时效性，难以应对变幻莫测的市场环境，不得不依靠"直觉"与"经验"。

其次，企业会计信息之间本身就是相互关联的，如企业的应收账款上升可能带来销售收入上升的同时也会使坏账增多，企业现金流因此变得不充裕。因而建立会计信息间的多重关联体系十分迫切，有助于从繁杂无序的历史数据中发现关联信息，把握决策方向。

最后，会计信息历来被认为是一种商业秘密，但任何加密技术都不敢妄称绝对安全，黑客恶意攻击、电脑病毒的存在有可能使系统被入侵，企业机密泄露的可能性难以估量，这就让企业财务管理人员在开放会计信息系统时容易产生疑虑。

鉴于以上情况，企业会计必须进行转型，方能突破企业财务管理水平提升的瓶颈。数字技术驱动下，"面向未来""前瞻管理"等将成为管理会计逻辑框架中的新概念①，会计信息将摆脱一成不变的状态，以动态信息流的形式呈现出来，大型数据库、高速信息处理设备、智能分析软件帮助财

---

① 冯巧根.管理会计范式重塑与创新[J].财会通讯，2022（5）：3-12.

务管理者发现更深层次的关联信息，计算出其关联度，并将这一关联运用于财务决策，使决策更具前瞻性。另外，技术的升级也为企业会计信息安全加上了一层砝码，一定程度上提升了企业的信息安全保障水平。

三、需求导向下的企业会计转型趋势

在国家经济转型、企业战略实施与企业财务管理的需求中，对于企业会计的要求集中在信息的提供上，这是数字技术驱动下的必然结果，也是企业会计转型的需求导向。

企业会计转型必须围绕更好地提供信息支持这一本质需求展开，具体有三大趋势：一是会计定位转型，从财务会计转向管理会计；二是会计组织转型，从财务共享中心转向企业数据中心；三是会计流程转型，从初级自动化转向全面数字化（图2-3）。以上三种转型趋势并不是相互割裂、各自独立的，而是共同促使企业会计实现从初级自动化形态的财务会计工作与信息共享模式，向高级数字化的管理会计工作与数据处理模式转型，让会计信息更好地发挥服务功能。由此可知，从财务会计向管理会计转型是会计转型的核心，企业会计组织和会计流程都是围绕这一定位的变化展开的相关支持性改进，是一种同步与伴随转型。

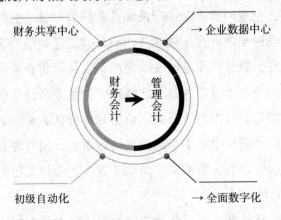

图2-3 需求导向下的企业会计转型趋势

（一）会计定位转型：财务会计向管理会计转型

会计发展具有反应性，是在特定时期内根据外部环境与企业内部需要发展起来的。数字技术驱动下，数字经济时代的会计职能得到延伸，不再局限于传统财务会计的核算与监督，更强调管理会计的预测、决策、控制等职能，从而使会计定位的重心从财务会计向管理会计倾斜。

企业会计目标是会计定位的前提，随着企业管理研究与实践的发展，会计目标经历了从受托责任评价到决策有用性，再到投资者保护的演进历程。其中受托责任是由企业所有权和经营权相分离而引起的，会计运用某种确认与计量方法来反映财务状况及经营成果，这是财务会计诞生的依据，也是来自企业内部管理上的要求。决策有用性是市场经济日益发达的产物，这时会计目标主要在于满足外部资本市场参与者——投资人和贷款人对信息的需求。随着市场的进一步发展，会计信息在外部实现了证券价格定价功能，在内部则通过充分披露强化企业内部治理，发挥市场投资者保护功能。由此可见，不论面对何种对象，会计的实质都在于提供多种信息，从而证实会计工作的本质就是提供会计信息。

从提供信息这一本质需求出发，纵观会计职能的发展史会发现，财务会计所提供的信息具有公开性与全面性，而公开性与全面性就意味着缺乏针对性。在企业内部，会计应该和业务融为一体，会计本身就是随着企业业务活动而出现。在企业业务活动日益复杂化的今天，财务功能必须与业务融合，服务于业务的发展与决策，从而将企业会计工作的重心内化，转向为企业本身服务。在此情况下，企业会计所提供的信息不再局限于通过财务会计报告统一面向内部和外部信息使用者，而是从管理会计角度回归到满足企业本身对信息的需求上，用管理会计报告这种形式来适应企业管理与决策需要，由此实现企业会计定位的转型，即从财务会计转向管理会计。

在数字技术驱动下，管理会计的价值得到更大的发挥，成为充分利用信息优势与技术手段为企业管理层服务的会计。从一定程度上讲，服务将成为会计工作的宗旨，这带来的会计定位转型并非一种迁移，更像是一种回归。

（二）会计组织转型：财务共享中心向财务数据中心转型

当企业会计定位于服务型管理会计，强调为企业管理决策赋能时，企业会计组织已经不能单纯作为一个财务共享中心，向企业内部不同管理部门单方面进行信息的提供与分享，而是应该作为一个企业的数据中心，跳出财务信息的局限，将财务信息与非财务信息全部纳入信息采集的范畴，实现会计工作能力的提升，为企业创造更大的收益。如此方能发挥数据价值，推动企业数据资源向真正能产生价值的数据资产转化。此外，重塑数据逻辑，在"数据＋算法"的基础上建立起一整套决策机制，取代传统凭经验、直觉进行决策的方式，使决策更高效、更科学，更好地适应日新月异的市场环境。

具体而言，传统财务共享中心主要围绕费用报销、采购付款、订单收款、存货成本、固定资产、总账报表、会计档案、资金管理、税务管理这九大业务流程进行数据采集。此时，"票、账、表、钱、税"背后的数据是财务人员所关注的焦点，其实质可归类为结果数据。结果数据是企业运营期间办理交易时生成和收到的凭证所携带的数据，财务人员在会计科目体系下将其分为发票金额、差旅行程、付款明细等数据。相应地，携带这些数据的发票、行程单、火车票、银行回执单和合同都是常规财务数据源。数字技术驱动下，企业财务会计向管理会计转型，会计组织不再是一个单纯的财务共享中心，而是能发挥数据优势，成为企业的数据中心。

企业会计组织不再局限于基础的核算工作，不像过去单纯从会计科目与会计核算两个维度去搜集小范围的数据，而是在完成基础核算工作的前提下，通过提高数据和算法能力，在预算、绩效、成本、经营分析等管理会计领域中创造更大的价值。另外，企业会计组织不再局限于结果数据，而是通过收集企业所有活动产生的数据，将无法被确认、计量的非会计信息排除在外，充分扩展会计数据采集的范围和来源，包括交易数据、过程数据、行为数据、环境数据等。除传统账表和凭证外，企业内部的各种业务系统、财务管理系统、外部网站、公共数据库，以及各类开放型平台都将成为全新的会计数据源。企业会计组织将企业所有的数据汇聚在一起进行充分的价值挖掘，利用数据来研究规律，进而提升自身的商业洞察力，协助企业对未来进行预判，把管理会计的预测潜力充分发挥出来。

（三）会计流程转型：初级自动化向全面数字化转型

数字技术驱动下，企业会计定位从财务会计转向管理会计，随之引发会计组织从财务共享中心转向企业数据中心。为更好地完成会计定位与会计组织转型，会计流程也要实现从初级自动化向全面数字化转型。

会计信息化一直是企业会计工作的必然趋势，在数字技术出现之前，企业会计就已经借助计算机等信息技术完成了初级的自动化。例如，对于财务会计人员来说，每月大量的发票统计、录入会占用大量的工作时间，并且手动录入不能保证每一条数据的准确性，需要反复核对。借助信息技术流程，财务会计可以在线处理发票工作，上传发票图片，系统识别增值税发票信息，然后自动在维格表添加发票信息记录，提高了工作效率。

换言之，企业借助一系列信息系统，用计算机来辅助财务会计核算，通过会计软件指挥计算机替代手工完成或手工很难完成的会计工作，从而更好地发挥会计服务于管理决策的职能，让企业经营者和信息使用者可随时利用企业的会计信息对企业的未来财务形势做出合理的预测，为企业的管理和发展做出正确的决策。这恰好契合了企业财务会计向管理会计转型的趋势。

在数字技术驱动下，这一趋势的进程将不断加快。随着大数据、人工智能等数字技术的深化应用，企业会计流程被重塑，进入全面数字化转型时期。以人工智能为例，财务机器人可以实现真正意义上的全面自动化会计数据处理，过去依靠信息系统和人工配合的工作流程只能算是初级自动化或半自动化的状态，而财务机器人能做到全天候完全不依赖人工运行，取代了重复繁琐的基础财务会计工作，还能帮助企业降低人工成本，这也就意味着大量重复性强的财务会计工作将逐渐被数字技术取代。

在会计工作流程中，财务会计工作的比重将越来越低，管理会计工作的比重将越来越高。为了提供更及时、准确的会计信息，企业需要深挖技术应用，继续推进管理会计的数字化，让会计组织更好地完成企业数据中心的建设任务，打破现存的"信息孤岛"，将企业所有的信息系统连接起来，实现业财融合、管财融合、人财融合。

企业会计流程的全面数字化重点体现在技术升级上，即互联网技术向数据技术升级。初级自动化阶段，企业资源计划（Enterprise Resource Planning, ERP）系统、供应商关系管理（Supplier Relationship Management, SRM）系统、共享报账系统等传统的会计信息系统大多采用互联网技术，更加注重流程与规则，工作的重点在于完成既定的重复性工作，此时的数据通常只是信息系统的附属产品。在全面数字化阶段，数据技术更加注重数据价值的挖掘，实现数据的生成、提取、处理、建模、分析、报告全流程自动化、智能化处理，助力企业更好地用数据支持决策，打造数字化的企业数据中心。

第二节　企业财务会计向管理会计转型分析

一、会计思维转变

（一）财务会计思维与管理会计的思维差异

要想实现财务会计向管理会计的转型，先要从改变会计思维开始。财务会计与管理会计的差异不仅体现在工作目标和工作内容上，也体现在思维方式上。具体包括三个方面，如图2-4所示。

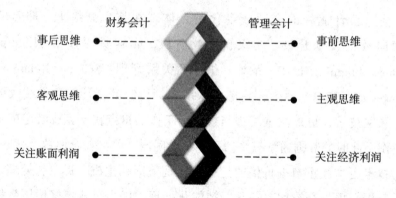

财务会计		管理会计
事后思维		事前思维
客观思维		主观思维
关注账面利润		关注经济利润

图2-4　财务会计思维与管理会计的思维差异

1. 财务会计是事后思维，管理会计是事前思维

财务会计处理的是企业已发生的经济活动产生的会计信息，不对未发生的经济活动进行确认、计量、记录与报告，因而在思维上表现出来的是一种事后思维。通俗来说，事情发生了，财务会计才会记录，没有发生的事，不在财务会计的工作范围内。这种事后总结与分析很多时候有一种"亡羊补牢"之感，相比于事前控制要付出更高的企业成本。

管理会计由于要支持企业决策，而决策是对企业未来经济活动的决定，是一种事前行为，这就要求管理会计时刻关注企业内外环境的变化，拥有感知风险的能力和敏捷的应变能力，帮助企业管理者做出合理的决策，创造更大的价值。因而管理会计在思维上表现出来的就是事前思维。

2. 财务会计是客观思维，管理会计是主观思维

财务会计的一切工作都要根据会计准则与制度进行，要求核算精准、一板一眼、分毫不差，体现出一种客观思维，公开提供宏观的会计信息。

管理会计则在遵循一定逻辑的基础上，提供更加细致且针对性强的会计信息，根据企业管理的具体需要，立足于解决问题，从经济、实用的角度出发，无须考虑外部信息使用者的需求，充分发挥主观能动性，为企业业务决策、财务管理、内部控制服务。

3. 财务会计关注账面利润，管理会计关注经济利润

财务会计所提供的利润数据是在权责发生制的基础上经过核算得出的账面利润，不考虑企业的隐性成本和机会成本，具有一定的片面性，对企业决策的支持有限。管理会计则是在账面利润的基础上，将所有因素考虑在内，得出最终的经济利润，综合反映了企业决策的有效性，为下一步决策提供参考。

举个例子，某企业月初购入某批商品花费5万元，月中以6万元的价格卖出。后来商品价格上涨，企业以7万元的价格将该批商品买回，又在月末以8万元的价格卖出。企业该项业务活动的利润如何计算？在财务会计思维下，企业第一次买卖计入利润1万元，第二次买卖计入利润1万元，共盈利2万元。但是在管理会计思维下，考虑了机会成本之后，企业亏损了1万元。这是由于企业本可以在月末将5万元购入的商品以8万元的价格卖出，盈利3万元，但是结果仅盈利了2万元，相当于间接亏损了1万元。这还仅仅是大略的计算，如果再将企业两次销售活动所支付的销售费用纳入核算范围，则本可以付出一次销售费用，却付出了两次销售费用，无形中增加了企业的成本，亏损更多。这就是管理会计与财务会计的思维差异。

（二）管理会计思维的升级

要实现财务会计向管理会计的转型，还需要进行管理会计的思维升级，树立结果导向性思维、整体性思维、闭环思维、创新思维。

1. 结果导向性思维

管理会计服务于业务发展，但最终业务的发展还是要落实在财务结果上。从业务视角来说，提高市场占有率、降低次品率、开发供应商等变量最终都希望能体现在财务结果上，体现在收入的增加、利润的上升、现金流的充足、负债合理控制上。

例如，在管理会计工具方法中，平衡计分卡时常被用来实现业务变量与财务变量的对应。平衡计分卡（Balanced Score Card, BSC）是一种绩效管理体系，从财务、客户、内部运营、学习与成长四个方面，把组织的战略实施贯彻成为具有可操作性的衡量指标与目标值。它不仅能够帮助管理者对企业的战略进行评估，还可以通过绩效考核来激励员工努力帮助企业实现战略目标。从本质来说，设计平衡计分卡是为了构建一个达成"战略制导"目的的绩效管理系统，以此来确保企业战略的有效实施。财务变量就是平衡计分卡中的重要一环，企业的业务变量做得再好，如果无法平稳地转化为财务变量的话，那么这种业务优化就有可能无法持续。因此管理会计思维必须强调成果，关注绩效，这也被称为结果导向性思考。

2. 整体性思维

财务变量之间并不是相互独立的。例如，企业的收入会受到企业资产的限制，资产的规模与质量会影响企业的收入水平。反之亦然，企业收入的增减变动也会直接影响到企业的资产。与此同时，收入增加很可能引起利润增长，利润变动会带动企业现金流变化，现金流变化则引发企业净资产变化。因而企业管理会计必须要有整体性思维，在从结果导向优化财务变量时，必须将众多财务变量整合起来进行综合考量，指导业务决策。

　　例如，假设企业要进行某项资产的购入，管理会计就需要对购入该项资产所引发的债务增加、费用增加、利润减少、现金流量变化、资产负债率水平等情况进行综合考量，用整体性思维判断该项资产购入的可行性，给企业是否购入、如何购入提出决策建议。

　　3. 闭环思维

　　闭环是检验管理会计工作是否有效的试金石，闭环思维可以帮助管理会计更好地发现企业经营与管理中的漏洞，少走弯路，降低试错成本，创造更大的价值。

　　企业开展管理活动是为了实现组织整体或者局部的目标。因而，所有的管理活动都开始于目标，终结于目标，管理活动的每个环节，包括计划、组织、评价等，都必须服从管理的初心，即放到管理目标之下来推动。目标实现与否也是衡量管理活动是否有效的重要标准。管理会计工作的本质也是一项管理活动，要站在全局看一隅，站在系统看模块，站在流程看作业，站在结果看过程。把整个管理会计活动形成一个闭环，把工作的布置、检查、评价等环节都调动起来，秉承闭环思维，而不能稀里糊涂。

　　例如，预算工作的闭环要落到绩效考核方面，会计数据分析的闭环要落到切实改进企业经营薄弱点方面，内部控制工作的闭环要落到有效管理企业风险方面。

　　4. 创新思维

　　相比财务会计固定的核算方法，管理会计的程序相对灵活，局限性较小，但应以成本最小化，股东权益最大化等准则为主。因此，管理会计工作要有创新思维，面对工作开展过程中产生的新问题、新情况，随时应变、及时改进，特别是在数字技术驱动下，管理会计的工具方法有了升级，管理会计必须善于利用各类技术有效提升工作质效，开展管理会计的数字化，充分拓展数据来源，挖掘数据价值，更好地为企业服务。

二、会计服务内化

（一）不同服务对象下的财务会计与管理会计对比

根据服务对象的不同，财务会计与管理会计的工作重点、会计主体、约束依据、信息特征、信息载体都有所区别，如表2-1所示。

表2-1　不同服务对象下的财务会计与管理会计对比

	财务会计	管理会计
服务对象	企业财务信息使用者，重点是外部信息使用者	企业内部管理决策
工作重点	记账、核算、报告	通过预测、决策、规划、控制、评价参与企业决策
工作主体	整个企业	整个企业或企业内部各责任单位，或某个管理环节
约束依据	遵守《企业会计准则》和行业统一会计制度	不受准则和制度的限制，一切工作围绕企业内部管理决策需要展开
信息特征	会计信息连续、系统、综合，定期对外公开，具有法律责任	会计信息不连续、不定期、有选择，根据需要提供特定信息，不对外公开，不具有法律责任
信息载体	格式统一的凭证、账簿、报表系统与财务报告	格式灵活多变，载体多种多样，朝着可视化方向发展

（二）管理会计更加注重向内服务

管理会计侧重于将企业内部各层数据信息综合起来，并以此为基础对未来生产与经营状况进行分析与预测，然后向管理者提出建议与意见，其责任范围远超过财务会计，相比于公开提供的财务会计信息，管理会计的对内报告才是会计服务功能的本质体现，强调服务的内化。要做到服务的深度内化，则要建立一个以经营管理为中心的管理会计信息系统，开展以经营决策为依据的会计核算和以管理控制为依据的会计核算，利用好这些信息，达到经营决策、管理控制的目标。

1. 服务于经营决策

立足企业视角，经营决策可以划分为生产经营决策、商品经营决策、资产经营决策、资本经营决策。生产经营决策涉及生产技术、生产规模、生产成本和产品质量等；商品经营决策包括采购、销售、量本利、现金流量等；资产经营决策包括对外投资决策、固定资产投资决策、资产配置结构优化决策、最佳存货与现金持有量决策、资产使用效率决策等；资本经营决策涵盖了企业的并购重组、资本结构优化、企业负债经营和企业利润分配。

经营决策以经济学为理论基础，注重资源的合理配置和有效利用，离不开对各种经营决策资源有关的可靠信息提供。因此，服务于经营决策的管理会计需要构建以经营决策为依据的管理会计报告系统，对企业各项经营决策进行全面、系统、关联的核算，形成可靠的信息并报告给决策者。

2. 服务于管理控制

企业管理控制就是企业经营管理者为确保企业战略目标而进行的管理控制活动。管理控制以提高企业经营活动效率与效益为核心目标，并通过确保企业资本经营、资产经营、商品经营、生产经营等目标得以实现，最终确保企业战略目标的落地。

管理控制以管理学作为理论基础，强调为了确保战略目标的达成而进行理性的过程控制。管理控制从程序系统的角度可分为四个步骤，分别是战略目标的分解、控制标准的制定、控制报告的分析、经营业绩的评价。服务于管理控制的管理会计活动可分为战略管理会计、预算管理会计、报告分析管理会计、业绩评价管理会计、责任管理会计等，给管理者管理和控制各环节提供全面、系统、可靠的会计信息。

总之，管理会计向内服务好经营决策与管理控制，主要是通过管理会计报告来实现，为此，财务部门要设计出一套行之有效的管理会计报告体系，充分利用自动化采集的财务和业务的基础信息，加工整理形成满足企业价值管理需要的对内报告，其报告主体就是企业中所有经营决策者和管理者。

三、会计技能提升

（一）财务会计与管理会计的专业技能对比

1. 财务会计人员专业技能

（1）企业财务会计人员一般必备五个方面的专业知识：一是会计的基础理论与基础知识，包括会计核算的基本方法、基本操作程序等。二是财务会计的基本理论和基本业务，包括货币资金、工资、材料、固定资产、对外投资、销售等会计核算的具体内容以及编制会计报表的方法等。三是成本会计的基本理论和基本方法，掌握材料费用、辅助生产费用、制造费用等各种费用项目的归集与分配。四是计算机的基础知识与操作技能。包括计算机的基础结构、基本工作原理、汉字信息处理原则、汉字输入方法、常用的编辑软件及工具软件等。五是会计电算化的基础知识，以及会计核算软件各功能模块基本工作原理。

（2）企业财务会计人员必备的实操技能包括四个方面：一是做账技能，在了解会计法规、会计准则及相关政策的基础上，运用会计核算知识、原理及企业核算流程，通过财务软件及办公软件进行会计凭证、单据、发票等的处理，以及各类账簿管理，完成建账、入账、对账、结账的工作内容。二是报税技能，在遵循税收法规及相关政策的前提下，运用税务管理知识，通过税控软件进行发票的开具、领取、认证、抵扣，完成企业增值税、所得税、印花税等各类税种的申报流程，最后进行涉税账务处理。三是报表制作技能，充分把握各类账簿及报表之间的勾稽关系，通过财务软件及办公软件进行资产负债表、利润表、现金流量表的编制及解读分析。四是外勤工作技能，运用社保、公积金、残保金等业务知识完成相关的外勤业务，同时能处理好工商税务登记、填报、手续，以及银行相关的业务事项。

2. 管理会计人员专业技能

财政部 2016 年 6 月发布的《管理会计基本指引》中指出："管理会计活动是单位利用管理会计信息，运用管理会计工具方法，在规划、决策、控制、评价等方面服务于单位管理需要的相关活动。"由此可知，管理会计的专业技能主要包括规划、预算和预测技能、风险管理技能、内部控制技能、经营分析技能、决策分析技能。

规划、预算和预测技能是以上五项技能中最为重要的，是企业有效规划业务活动的基础。管理会计人员应当熟练掌握并灵活运用规划、预算和预测技能，参与企业规划，通过预算将规划细化并按需实现资源配置，同时在不断变化的环境中进行预测与调整，最终帮助企业达成战略目标。

风险管理和内部控制是企业治理、管理以及运营的重要内容。企业在经营过程中，其战略目标、经营目标以及财务目标的实现会受到各种内外部因素的影响。这些因素往往是不确定的，既有可能给企业带来更多的机会，也有可能造成负面风险，对企业产生威胁。正确的风险管理与内部控制可以帮助企业识别风险，并且做出明智的决策以合理应对及利用风险。

管理会计人员应当娴熟掌握风险管理工具，充分参与到企业风险管理初始信息收集、风险评估、风险管理策略制定、风险管理解决方案提议与实施、风险管理的监督与改进等全流程风险管理中，以更全面的方式处理企业风险；同时，管理会计人员还需要帮助企业建立健全内部控制，促进企业经营管理合法合规，维护资产安全，提升经营效率与效益，从而推动企业战略目标的实现。

经营分析与决策分析技能更多关注的是对业务的支持与改进。决策分析是运用决策树、多变量分析、概率预测等工具方法，评估企业面临的经营决策，并帮助企业做出最有利选择的方法。

对于管理会计人员而言，不仅要掌握决策分析工具，还要深入了解企业业务环节与形态，主动参与企业经营决策，才能利用决策分析帮助业务进行科学合理的决策，成为业务的参谋与伙伴，提高财务管理对企业的贡献度。"经营分析"则要求财务一览企业全局，从业务数据与财务数据中深挖业务重要问题的根源所在，并且能够提出有建设性的观点与意见，赢得管理层与业务部门的认可，有效推动业务开展改善行动。

管理会计若想在企业中创造更大的价值，势必要在这五大专业技能上下功夫，接触更多的业务，深入了解业务过程并支持决策，让财务在资源、信息与管控方面的效用最大化。

（二）管理会计技能升级

除了掌握核心的专业技能外，财务会计人员向管理会计人员转型还需要进一步提升管理会计软技能。

随着营商环境的变化和企业管理的需要，管理会计的边界也要随之拓展。管理会计人员作为财务管理的中坚力量，其核心在于"管理"而非"会计"，除了要具备扎实的专业能力以外，还要具备战略思维、战略执行、流程打造与变革能力等软技能。

在战略思维方面，管理会计人员需要切实理解企业业务及其竞争策略，这使得他们能够帮助企业制定长期规划与发展战略，通过态势分析法定位企业的优势与劣势、明确企业面临的机会与威胁，并能给出合理的建议推动企业向战略目标靠拢。

战略执行则要求管理会计人员能够娴熟运用项目管理、流程分析等技能，并且能够合理运用企业资源助力企业战略目标的实现。

流程打造与变革能力多是出于企业内部自我突破的需要。当企业面临成长迟缓、后继乏力、内部管理问题突出或是对经营环境变化反应迟缓的时候，优秀的管理会计人员应当有能力协助企业管理者制定变革策略，在企业战略、组织结构、生产技术及管理技术、工作流程或是企业文化的调整与改善中给予支持，促进企业顺利转型实现自我突破，使企业能够可持续发展与盈利。

除了上述几项技能外，还有时间管理、谈判技巧、项目管理、沟通技巧、领导力、问题解决能力等，都是管理会计人员需要进行提升的技能，能够帮助会计人员更好地实现转型。

第三节 企业财务会计向管理会计转型的意义

一、深化中国特色管理会计理论体系建设

从理论层面来说，企业财务会计向管理会计转型的根本在于大力扶植与发展管理会计，这对于深化中国特色管理会计理论体系建设具有重要价值。管理会计理论研究在我国起步较晚，且由于其技术方法比财务会计要复杂得多，与其他管理学科的理论存在相互交叉和重复之处，所以，管理会计理论体系建设在我国还存在发展的空间。

理论源于实践但又高于实践。这就决定了构建管理会计理论体系需要以我国企业为中心，增强理论研究和企业实际之间的契合度。在财务会计向管理会计的转型趋势影响下，管理会计工作成为企业会计工作的中心，这无疑增加了我国管理会计的相关实践，为在实践中总结形成中国特色管理会计理论体系提供了机会。构建管理会计理论体系是要促进管理会计基本理论、概念框架、工具方法等方面的学习，形成具有中国特色的理论体系。其中"中国特色"最为关键，反映了建立理论体系不应离开我国国情的需要。

二、推进我国经济发展方式转变

国家经济转型需要会计转型，企业财务会计向管理会计转型也有利于转变我国经济发展方式，这是一种双向的循环互动。

当前，我国已经从经济快速发展转向了高质量发展，切换了经济发

展的主引擎，走向管理创新驱动发展方式。企业作为经济活动各参与方中最具生机的一部分，管理会计实践不断提升着自身的管理水平与创新能力，实现由投资拉动型到创新驱动型的转变，由粗放增长型到集约发展型的转变，由重规模速度到重质量效益的转变，由立足国内发展到增强国际竞争力的转变，由低成本优势领先到综合实力增强的转变，大力提高了企业资源使用效率，扭转了产品低附加值、产能过剩和高端产品供应不足等情况，提高了产业整体素质，推进了经济结构调整，实现了产业结构升级。

三、提升企业核心竞争能力

在经济全球化与数字技术快速发展的背景下，企业已经不在一个特定的国内竞争市场上稳定运行，而是面临着国际竞争国内化与国内竞争国际化并存的局面。在经济转型的前提下，成本优势已不存在，国际国内市场需求下降，为了同一些国际优秀企业相抗衡，就必须从管理和科技创新中获取利益。

企业财务会计向管理会计转型代表着企业向管理要效益，通过管理会计的有效应用深入企业的各个层面，提供基础信息、管控手段、评价方法等，进而服务于企业决策、改善管理、提高收益，不断提升企业管理水平与创新能力，从而增强企业核心竞争力。

首先，管理会计的应用有利于全面促进企业由粗放式向集约式的发展，由粗放型管理向精细化管理的转变，合理利用企业资源，强化内部管理，增强价值创造力。

其次，管理会计通过运用会计、数学和统计等技术方法，能够简单明了地诠释复杂的经济活动，揭示它们之间的内在联系和最佳数量关系，帮助管理者有针对性地预测企业未来销售成本、利润和企业资金变化情况等发展趋势。

再次，管理会计对产品开发过程中产品生命周期各个环节的费用，以及进入市场以后产品成本之间的换算进行估算、计量、对产品经济效益进行评估，帮助企业选择适当的开发和投资计划，能充分考虑到市场变化的趋势，适时为设计研发人员提供成本、回报方面的信息，协助管理者随时改变资源配置，提升经济效益。

最后，利用管理会计对企业绩效进行计量，能够让企业从价值链的分析入手，对财务与非财务指标进行有效的权衡，将投资报酬率等财务指标，与生产质量周期控制、顾客满意度等非财务信息相结合，更全面、更客观地反映企业的业绩，为企业选拔人才提供基础性的信息支持。

第三章 数字技术对企业财务会计向管理会计转型的驱动作用

随着数字化技术的快速发展和广泛应用，企业财务会计向管理会计转型已经成为必然趋势。大数据、云计算、人工智能、物联网、区块链、5G 技术是最具代表性的六项数字技术，本章将从这六个技术入手，探讨数字化技术对企业财务会计向管理会计转型的驱动作用，并从实际应用场景出发，剖析数字化技术在管理会计领域的具体应用。

第一节 大数据对企业财务会计向管理会计转型的驱动作用

一、大数据驱动下财务会计信息的局限性

（一）对外信息的局限性

财务会计本身就是一种对外会计报告，在外部信息使用者中，尤其外部投资者对企业会计信息需求更大。

大数据技术的应用普及推进着企业数字化转型的整体水平，外部投资者对企业进行投资考察时，倾向于把目光投向企业整体发展水平，既需要了解企业的历史经营状况，又要知道其未来前景，这种考察方式对于企业内部资料完整性的要求很高。因此，为了满足外部投资者的信息

需求，企业必须做好相关工作来保障企业内部的资料完整。

一般企业都要整理近几年的发展数据资料，供广大投资者参考。这样投资者就可以根据数据分析，甄别出有价值的会计信息，同时还能对企业今后的发展提出相应的经济规划和决策建议等。但仅仅是这样还不够，传统财务会计向投资者提供的会计资料只是企业短期经济状况，基础的资产负债表、利润表、现金流量表等无法为投资者提供准确而有价值的决策支持，只有将这些财务信息与相关分析相结合才能更好地满足投资者对会计信息的需求。

然而，深度的财务分析并不属于财务会计工作范畴，财务必须按照会计准则进行范围内的财务工作，很少有自由发挥的空间，也就无法专门针对投资者提供一份个性化的会计信息报告，这与大数据时代企业外部投资者日益增长的信息需求不相符合。通过财务会计，外部投资者很难获得充分的信息资料。因此，大数据时代财务会计工作需要逐渐转向管理会计，通过增加财务分析内容比例，更好地向外部投资者提供更充分的信息资料。

（二）对内信息的局限性

财务会计的本质决定了其会计信息的对外性，自然对内信息的价值就会有所欠缺。企业财务会计的基本职能是核算与监督，日常工作重在记录，可以很直观地记录价值创造的过程，企业所有运营的情况都会以会计数据的形式记录下来，但无法直接为企业创造价值。财务会计几乎是所有企业的标配岗位，当企业会计工作以财务会计为主时，就会更关注会计记录的合规性和准确性，而忽略掉更多内部价值创造功能的发挥。

在大数据迅猛发展的今天，企业想要得到长期、稳定的发展，就需要对企业当前的财务状况、经营成果有全面的把握。财务部门作为企业各部门数据的流动交叉点，自然承担起为企业提供完整信息资料的任务，而财务会计本身的信息资料十分零散、量小，且不具有针对性，企业内部管理很难直接从财务会计信息中获得有价值的信息。

管理会计本身就是对内会计报告，因而在大数据时代，数据作为重要的生产要素被企业所重视，对于能提供充分数据支持的会计工作寄予厚望，在需求内化之后，财务会计的局限性决定了企业会计工作的重心必须转向管理会计。

二、大数据驱动下管理会计信息实现量化与集成

大数据驱动下，企业管理会计信息来源极为广泛，不仅覆盖面极广，而且数据规模明显增大，涵盖企业内外多种数据，实现量化与集成。

（一）管理会计信息内部数据来源

从企业内部来说，大数据驱动下的管理会计信息数据来源于三个方面，如图 3-1 所示。

图 3-1　管理会计信息内部数据来源

1. 财务会计信息数据

管理会计信息内部数据的第一个来源是财务会计信息数据。尽管大数据驱动下财务会计信息不足以满足企业内外信息需求，但是企业会计转型不是抛开财务会计，从零开始的会计创造，而是在现有财务会计信息数据的基础上更加全面化、数字化的转型。

财务会计信息数据指承载业务办理过程产生的各种结果数据，如单据数据、票证数据等。财务会计信息数据是企业经济交易发生的"证据"，是会计进行核算的重要基础，其来源分为外部凭证和内部凭证。外部凭证主要是发票、行程单、火车票、汽车票、银行结算凭证、完税凭证，以及其他从外部出具的凭证。内部凭证包括企业内部产生的记账

凭证、报账单、采购申请单、验收单、入库单、成本控制单及其他由企业内部开具的凭证。

2. 财务日志文件数据

管理会计信息内部数据的第二个来源是财务部门系统日志和服务器中的数据。每个财务系统及服务器后台都有日志，日志数据中记录着大量用户行为，这些数据体现了财务系统运行状况，蕴藏着极大的开发价值。用户行为分析可以帮助企业理解并分析用户行为，在后台日志数据采集中具有典型的应用意义。埋点是一种较为常见和成熟的捕捉和记录用户行为的手段，一旦用户出现具体行为，就会触发事先"埋"好的"数据记录器"来记录和保存用户行为过程，从而收集日志数据。

从管理会计的角度来看，日志数据的收集被广泛应用于财务作业平台以及共享服务中心的运行管理流程。例如，通过观察会计人员单位审单时间、在相同时间内审单次数等情况，分析审单效率并定位各环节质量缺陷及有质量差错的相关人员，以加强企业内部管理。

3. 其他内部信息系统数据

管理会计信息内部数据的第三个来源是企业其他内部信息系统的数据。管理会计要为企业控制、预测和管理活动提供支持，就需要对企业的研究与开发、采购、生产和营销等业务环节进行全景测绘，同时不断扩展数据采集点。这就需要企业将销售、采购和人力资源等多种信息系统广泛互联，便于管理会计人员在网上收集企业内部所有系统的结构化数据，对企业内部数据资源进行整合，提供沉淀的数据基础，同时有效推进业务处理与财务管理。

（二）管理会计信息外部数据来源

从企业外部来说，为在数据上挖掘更深层次的价值，企业管理会计必须构建更广泛的数据链接，实现对外部数据源的全面采集。为此，企业必须面向网页和应用程序等外部数据源、开放型数据库等，采集企业外部数据，如客情数据、竞情数据、行情数据、国情数据等，把企业放置在现实市场、产业与国情中，用微观视角来观察经营状况，用宏观视角来把握发展动向。

管理会计信息外部数据大多散布在互联网网页、各机构开放型数据库、外部开放型平台中。这些数据种类多、内容杂，蕴含的价值不可小觑。

1. 互联网网页数据

网络爬虫技术是大数据代表性技术，通过写代码脚本和使用爬虫软件对互联网网页数据进行采集。相较于爬虫软件，代码脚本编写方式可应用于个性化需求非常高的数据搜索与获取，其具体实施流程包括网页获取、关键数据解析和数据存储三个环节。Python 是爬取网络数据较为常用的计算机编程语言，网页数据的爬取关系到人们的工作生活。在这些网页数据中，各种常用搜索引擎通过编制自动爬虫程序实现了互联网中高质量信息的爬取、收录、整合及利用。管理会计可以通过 Python 爬取竞争对手、行业标杆、客户、供应商等运营数据，为企业战略规划、经营计划制定及业务发展提供参考。

2. 开放型数据库数据

在金融经济、生产制造等诸多领域都有政府部门或权威机构专门向社会开放的数据库。例如，国家数据、中国统计信息网数据库等。开放型数据库中的数据信息专业性强、权威性高，可直接调阅下载或通过应用程序接口（Application Programming Interface, API）访问。企业管理会计人员可通过这些开放型数据库获取官方权威指标数据和企业经营的社会环境信息，帮助企业更好地发展。

3. 外部开放型平台数据

随着互联网应用的不断普及，越来越多的网络站点推出以开放 API 标准为基础的产品与服务，并公开资源供开发者调用。一个站点可以理解为一个储存站区，每一个储存站区储存着一个网站所含的全部文档。对外开放资源网站为用户提供开放、统一的 API 接口环境，帮助用户访问和获取网站资源。企业管理会计人员可通过外部开放型平台获得行业最新动态数据，掌握行业发展前沿，助力企业制定和规划长期战略。

三、会计大数据分析与处理技术的应用

（一）会计大数据分析与处理技术

大数据驱动下，数据生成的速度与规模实现了颠覆性的进展，社会进入数字时代。在此背景下，会计信息的展现、获取与利用方式也随之发生了很大变化。企业财务部门作为企业经营数据汇聚中心将不再只关注会计科目加核算的财务会计维度的"小数据"，而是实现了管理会计信息的量化与集成，形成会计大数据，引领着企业进行新的价值创造。

会计大数据分析与处理技术就是将大数据技术运用到会计领域，从而达到数据赋能财务，促进企业业务与管理的目的。整个流程的底层支撑就是大数据存储与计算的基础技术，是助力企业将会计大数据转化为信息、知识、智慧的一种重要而又必要的手段，有助于企业有效、高质地挖掘会计大数据的有效信息与潜藏价值。具体而言，会计大数据分析与处理技术可以分为数据采集技术、数据清洗技术、数据分析技术、大数据存储与计算技术、数据治理技术和数据可视化技术，如图3-2所示。

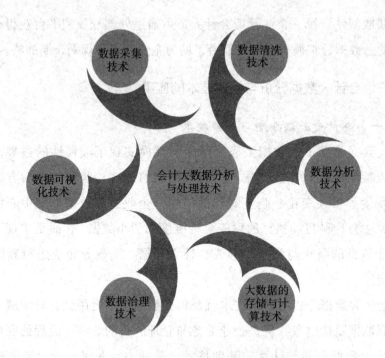

图 3-2　会计大数据分析与处理技术

1. 数据采集技术

所谓数据采集，就是通过对不同技术的应用，从不同数据源中获取各类海量数据的过程。数据采集还可以细分为数据抽取、数据清洗、数据集成、数据转换等过程，将分散、零乱、不统一的数据整合到一起，以一种结构化、可分析的形态加载到数据仓库中，从而为后续的数据使用奠定坚实基础。常用的数据采集工具有条形码、网络爬虫、数据库、系统日志、埋点等。数据采集技术是会计大数据采集的第一步，也是基础步骤，

2. 数据清洗技术

会计大数据因数据来源广，且数据类型及数据结构相对复杂，易出现数据缺失、重复、错误的情况。因此，数据采集后必须先对数据进行清洗，以确保数据准确、完整、可靠。数据清洗就是将无法利用的数据

按一定的规则进行处理，经过数据过滤、数据聚合、数据修正等方式，去除数据中的干扰项，从而改善数据质量。

数据仓库技术通常被用来解决大数据清洗问题，其主要作用是从多异构数据源中提取数据并进行清洗和转化，最终加载到数据仓库或者其他目的端的过程。管理会计人员在出具各种分析报表时，如果从内部各系统或外部网络渠道采集的数据存在更新不及时、系统运行异常等情况，就会导致出现报表逻辑错误，在此情况下需要借助适当的数据清洗工具，建立相关清洗规则，确保数据可用。

3. 数据分析技术

数据分析可以分为数据探索与数据算法两个环节。数据探索作为一种介于数据清洗与数据算法之间的重要步骤，是通过作图制表和统计量计算探究数据内在结构及其变化规律，理解数据集本身的特征和数据之间相互关系的一种开放性分析方法，有助于理解数据的总体情况，归纳数据的主要特性和规律，为之后的数据算法模型建立与选取提供了依据。

数据算法是帮助问题求解并达到目的的一系列规则，将数据输入后再通过明确、有限、可行的运行步骤进行运算，达到预期结果的输出，是企业能够从大量数据中探索数据规律、挖掘有效信息的关键所在。算法以解决问题为目的，正是由于企业在运行中会出现各种决策问题才使得算法多样化。近年来，随着机器学习和自然语言处理等人工智能技术的不断发展，数字技术的融合应用使得数据算法不断优化。

根据业务需求的不同，常用数据算法可以分为分类算法、聚类算法、回归算法、关联规则算法、时间序列算法。管理会计人员需要针对不同决策场景选择适当的算法模型，将有关变量和参数输入算法模型即可获得对应的数据，管理层能够根据计算出来的值进行决策。

4. 大数据的存储与计算技术

大数据存储与计算技术是会计大数据分析处理的基本技术。在数据"井喷式"发展的过程中，传统集中式计算架构和传统关系型数据库单机存储和计算瓶颈问题逐渐突显，海量数据存储成为必须克服的难题，兼之计算要求更加专业的技术支撑，这就形成了目前主流的分布式架构。

分布式架构简单地说就是由网络把若干台计算机联系在一起共同工作的一整套技术体系，具体由分布式存储和分布式计算两部分组成。

就分布式存储而言，其核心技术原理就是把零散的存储资源建立在虚拟大容量存储资源上，把零散的几台机器整合形成具有海量数据存储能力的集群，以适应实际工作中存储海量数据的要求。

分布式计算与分布式存储在技术理念上类似，主要把大规模数据处理任务分解为多个小任务并行运算，在运算结束后集成结果。会计大数据涉及企业运营的各个方面，其所具备的高存储、高算力、可扩展性为企业搭建会计大数据平台，实现数据交互计算及复杂算法应用为适应各种业务情景奠定了基础。

5. 数据治理技术

数据治理就是要对企业数据资产进行认定，制定统一、可实施的数据标准与数据质量体系，确保数据安全与合规，并在整个企业中共享数据资源，推动数据资产不断产生价值，数据治理体系主要由元数据管理、主数据管理、数据质量管理和数据标准管理组成。

健全的数据治理体系对于会计大数据实现其价值至关重要，若管理会计缺乏有效的数据治理，那么在提供数据服务时就会导致数据的准确性差、时效性低，从而影响到数据的利用效率与效果。例如，若费用类型、会计科目、银行账户、项目等会计主数据的编号与标识不一致，则跨部门运用时就会因主数据不规范、不一致导致应用成本提高。

会计大数据在数据治理上属于企业级数据治理，一般企业都是在整体层面上搭建数据治理平台规范数据。但数据治理平台的策划与建设也同样需要财务部门配合，通过策划数据治理平台的系统建设实现业财数据的系统间调用，设定数据校验规则，校验数据是否具有安全性、及时性、完整性、逻辑性、唯一性，并直接向责任部门反馈数据存在的问题，有效提升数据质量。

6. 数据可视化技术

数据可视化技术就是运用计算机图形学与图像处理技术把数据与分析结果转化为图形或图像，然后展示于屏幕上进行交互处理的一种理论、方法与技术。可视化可以使复杂信息变得更加简明易懂，并能提供数据全貌与实时信息。数据可视化的方式有仪表盘、BI 报表、数字化大屏、经营看板等。会计数据可视化让企业管理者在尽量短的时间内接收并理解到数据背后所蕴藏的信息，助力企业经济决策与管理控制。

（二）会计大数据应用场景

1. 大数据存货成本管理

大数据技术的普及和运用加大了市场经济环境的不确定性，与此同时各类原材料成本也在不断攀升，使企业间竞争日趋激烈。对存货进行高效的成本管理与控制已经成为企业降本增效的一个重要途径，是企业战略着重考虑的内容。借助大数据技术不仅能够使存货成本数据真实、可信且完备，将企业内部财务数据与业务数据进行跨部门融合，而且能够对与企业存货成本有关的外部数据进行采集、加工与分析，从而对企业成本管理起到准确的数据支持作用。

大数据驱动下，企业在供应商选择、采购计划制定、采购流程制定、库存管理以及其他环节投入的人力、物力、财力决策不再是主观决策、经验性判断不同，而是从总体上对存货进行更加科学、合理的管理，减少存货成本并获得最大收益。

存货成本管理主要涉及采购、物流、仓储、生产四个环节，为了降低这四个环节存货成本，需要建立起大数据存货成本管理框架，从下到上依次为大数据采集中心、大数据存储中心、大数据处理中心、大数据分析中心以及存货成本控制环节。

（1）大数据采集中心自动获取各类模拟、数字被测单元的信息，自动保存在数据库中。在采购环节中，信息的采集包括供应商信息、采购价格、采购数量、采购时间等；在物流环节中，信息的采集包括运输方式、运输路线、运输费用、合理损耗等；在仓储环节中，信息的采集包括物料信息、库存数量信息、仓位信息、货位信息等；在生产环节中，信息的采集包括原料耗费、员工工资、维修费用、折旧费用等。

（2）大数据存储中心对采集到的数据进行存储与管理，运用管理软件进行数据库的建立、利用与维护；各类数据库可以确保对企业采集到的与存货成本相关的海量数据信息进行有效的储存与管理。

（3）大数据处理中心是在多种数据处理工具的帮助下，将采集到的数据经过清洗、过滤、转换与集成，使得这些数据能够达到一定的存储要求，并能够用于后续的分析。

（4）大数据分析中心是整合多种分析软件，以多种分析方法挖掘和分析大数据，如在采购环节可以对原料采购价格、订货处理成本进行分析；在物流环节可以对运输税费、油价费用、车辆保养费进行分析；在仓储环节可以对仓储费用、原材料损失和货物陈旧进行分析；在生产环节可以对设备维护费和废品率进行分析。分析所采用的支持技术种类多样，例如，操作型数据仓储（Operational Data Store, ODS）系统为跨系统数据共享平台，承接操作环境与分析环境，对各个环节生成的数据经过清洗、筛选、转化与集成后应用于优质数据分析；数据仓库（Data Warehouse, DW）用来存储数据库中经过抽取、转换、加载后的历史数据；DM 针对某一业务建立模型，为具体用户（如各环节管理人员、企业决策人员）提供报表；联机分析处理（Online Analytical Processing, OLAP）通过多个维度在线观察度量值，为决策提供支持。

（5）存货成本控制也要从采购、物流、仓储、生产四个环节入手。企业对存货成本进行分解，然后按照每个部门的业务流程对分解后的存货成本进行成本指标细化，例如，采购环节的存货成本指标包括原料价格、原料数量等；物流环节的存货成本指标包括运输费用、运输时间等；仓储环节的存货成本指标包括租金费用、设备折旧等；生产环节的存货成本指标包括直接材料、直接人工与制造费用等。在成本指标细化后按照成本预算进行每个环节的成本数据实时监控，把成本控制在标准范围内。

2. 大数据资金管理

资金作为企业的命脉，在企业经营中的重要地位不言而喻。安全、可视和可控的资金管理始终是企业的追求，而会计大数据分析处理技术能够协助企业实时预测资金流、控制支付风险。

一方面，大数据驱动下，管理会计可以通过分析与资金收支相关的经营活动，如销售收入、采购付款、日常费用支出等，针对各种经营活动的影响因素确定数据来源和获取方式，构造现金流预测模型，对预测结果进行算法计算和可视化实时展示，实现对企业资金的实时动态监控，并预测企业资金使用情况，帮助企业制定合理的投融资策略。

另一方面，当企业规模较大、资金交易频繁且数额较大时，风险也会随之提高。前端业务复杂导致后台财务人员在资金支付过程中的校验难度提高，难以提前识别风险，且多依赖于事后审计。借助于会计大数据的分析和处理，结合文件导入、数据库链接、API 接口等方式，管理会计人员可以对支付指令数据、机构基础数据、客商黑名单或白名单数据进行采集，通过将企业内外数据进行有效融合并配置算法模型与数据规则对交易频率异常、交易金额异常、重复支付及其他异常支付行为进行监控，实现对企业支付欺诈与支付风险的事前预防与事后复核，确保企业资金安全。

3. 管理报表自动化

为了适应内外部信息使用者的需求，财务部门除了按照《企业会计准则》制定标准财务会计报表外，还要根据企业内部管理的需要制定管理会计报表。大型企业各类管理会计报表甚至可达几十份或几百份之多，管理会计人员往往要在众多系统中抽取数据，如果用离线 Excel 方式对数据再计算处理，一则花费很多时间成本，二则数据准确性很难得到保障，深层次的数据分析就更无从谈起了。

会计大数据分析与处理技术使自助式报表服务得以实现，为企业进行全方位、多角度管理报表自动化出具提供了一种有效的方法。具体从诠释企业价值创造过程开始，将企业战略规划与管理层需求相结合，利用价值、业务、数据、技术四维模型对企业核心价值体系进行梳理，确定关键动因业务模型和关键控制点，构建企业全方面管理会计指标体系及管理会计标准报告体系，应用数据可视化等技术，灵活输出涉及预算、成本、绩效、销售、薪酬等领域的多维分析报表，极大地减少管理报表制作与分析中的手工操作，可以使管理会计人员更加关注数据呈现结果中隐含的价值并协助企业经营决策与管理控制。

第二节　云计算对企业财务会计向管理会计转型的驱动作用

一、云计算驱动会计信息资源管理变革

资源就是社会物质财富与精神财富的全部源泉，如信息资源和物质资源。企业会计信息作为一种重要的经济信息可以降低企业经济投资决策的不确定性，对于企业规避生产经营活动风险起着基础性的作用，因此企业会计信息是一种重要的资源。

会计信息是根据会计特有的处理方法，如会计制度和会计准则的要求，将经济活动中交易事项所产生的原始数据进行加工而形成的符合会计管理与宏观决策要求的经济信息。会计信息依附于载体而存在，因此会计信息资源管理既是会计信息的采集、储存、检索、开发与再生产，又是与会计信息有关的各要素，如会计人员、信息系统的合理组织与控制，以便使会计信息资源得到合理配置，满足信息使用者的要求。

大数据技术促使企业财务会计向管理会计转型，使管理会计信息实现量化与集成，形成会计大数据。会计大数据自然也具备大数据的基本特征，即海量、多样、快捷。怎样存储与处理会计大数据对于企业又是一个新的难题，云计算的出现恰好解决了这一难题。云计算把服务器、存储设备和计算能力集成到一个"资源池"中，为用户提供需要的存储资源以及虚拟化服务器，可以更加高效地为信息资源管理服务，促使企业会计信息资源管理实现变革，也间接驱动着企业财务会计向管理会计转型。

具体而言，云计算驱动下的会计信息资源管理变革体现在三个方面。

一是降低企业会计信息资源管理成本，企业只要支付少量费用即可及时得到最新的硬件平台和稳定的软件运行环境，无须对服务器、网络和机房等基础设施进行大量投入。

二是提高了企业会计信息资源管理的时效性，云计算技术使得会计数据的存储容量不再受限于物理硬盘，提高了会计数据信息应用与更新的速度。

三是提升会计信息资源管理效率，企业在技术上得到了云服务提供商的专业支持，仅仅需要将会计信息录入"云端"数据中心，对会计数据的清理、整合、筛选、加工、处理等都由数据中心自动进行。

总之，企业会计信息资源管理重在提高会计信息质量，要想提高企业会计信息质量，势必要打破按传统渠道搜集信息的局限性，云计算的出现为会计信息的采集与管理带来了一种新思路，使得信息资源由个人计算机、服务器转移到云端，并由云服务提供商进行统一的管理和维护，故而云计算对会计信息资源管理提出了新的挑战。

云计算是分布式处理、并行处理和网格计算演变而来的一种计算模式，这种计算模式可以使计算机软硬件资源共享，大大满足了企业对计算能力的要求。云计算把全部资源都集中到"云端"数据中心，用户只需借助终端设备，在互联网上便可享受云端所带来的无限资源和计算能力。云计算环境中会计工作的实质就是运用云技术建立互联网虚拟会计信息系统来完成企业会计核算与管理方面的工作。这种对会计信息化的建设与服务采用外包的模式，将进一步推动会计信息资源管理工作向前发展。

二、云计算技术在管理会计信息化领域的应用

（一）传统管理会计信息化建设的局限性

传统管理会计信息化建设最基本的模式就是企业采购软件授权与执行服务，即通过外购相关基础设施的方式来建设企业管理会计信息化运行环境，再成立系统维护队伍保证系统响应业务需求，这种模式有较大的局限性。

首先，资源利用效率较低。传统的企业管理会计信息化数据中心一般都是按照专业模式进行构建与部署，也就是基础设施与应用系统 1 ：1 配置。然而随着信息化建设的逐渐深入，系统的复杂性和信息量迅速增长，使得企业需要事先对大量的资源进行预安排，此时信息化建设的投入成本出现迅猛的增长势头。在投入成本增加的情况下，为避免数据中心性能不足，企业还需要按照应用的峰值标准购买并配置基础设施，两相结合造成资源利用效率较低。

其次，"信息孤岛"现象严重。"信息孤岛"是指相互之间在功能上不关联互助、信息不共享互换以及信息与业务流程和应用相互脱节的计算机应用系统。"信息孤岛"现象在企业中普遍存在，这是因为信息化与硬件系统支持密不可分，硬件系统通常会出现更新换代、技术不相容等现象，企业不可能每次都全面升级替换全部系统。要想统一信息规划，确保信息标准统一与兼容，就只有靠规划布局，增加技术投入，逐步升级和完善信息化系统，避免新建"信息孤岛"等。传统模式下的管理会计信息化建设中，外购的相关基础设施可能来自不同的供应商，很难做到统一规划，这导致"信息孤岛"现象长期存在。

最后，管理及维护成本较高。在企业业务不断拓展的情况下，传统企业管理会计信息化应用体系存在规模服务能力与专业服务能力提升困难、服务改进与创新能力差、无法有效应对重大服务或危机等问题。繁琐的维护工作极大地占用了企业资金以及技术人员的工作时间，妨碍着企业的技术创新过程，也影响着企业管理会计信息化工作的健康开展。

（二）云计算在管理会计信息化中的应用价值

为了深入实施会计强国战略，提高我国会计工作整体水平，促进经济更加高效、公平和可持续发展，财政部把"推进面向管理会计的信息系统建设"列为全面推进管理会计体系建设最重要的举措之一。

云计算作为一种新的计算方式，以高效灵活等优势渗透进企业经营的方方面面，包含管理会计信息化工作领域。把云计算应用到管理会计信息化的建设中，其实质就是运用云计算的相关技术来构建一个网络虚拟管理会计信息系统，助力管理会计人员完成管理会计相关工作。云计算在管理会计信息化中的应用价值如图 3-3 所示。

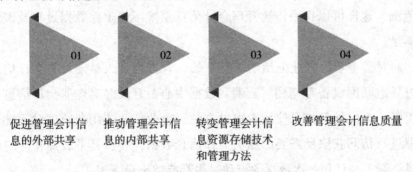

01	02	03	04
促进管理会计信息的外部共享	推动管理会计信息的内部共享	转变管理会计信息资源存储技术和管理方法	改善管理会计信息质量

图 3-3　云计算在管理会计信息化中的应用价值

1. 促进管理会计信息的外部共享

管理会计信息一般仅对内展示，管理会计信息储存在企业本身的服务器中，是独立的状态。每一个管理会计信息系统中的数据只提供给企业内部和有关利益者观看，企业的外部信息使用者很难获得企业的管理会计信息并进行有效分析和利用。

在云计算的环境中，各企业将其管理会计信息资源传输到"云端"数据中心，在不影响公平市场竞争的前提下，可以实现企业之间信息共享，方便外部投资者进行企业对比，推动市场经济发展和繁荣。

2. 推动管理会计信息的内部共享

云计算部署模式分为私有云、公有云、混合云、社区云等，利用混合云模式对管理会计信息资源进行储存和管理，与传统的管理会计信息系统是相互隔离的。会计数据是不能分享比较的，因此可将企业的部分管理会计信息存储于公有云，这就使得企业内部其他部门用户能够对管理会计信息进行访问和调取，方便与不同的行业、区域内企业经营状况和利润进行对比，为自身经营和管理决策提供支持，减少"信息孤岛"现象。

3. 转变管理会计信息资源存储技术和管理方法

在云计算环境中，管理会计信息资源储存于"云端"，通过云端服务器集群对其进行统一的储存与管理。云端信息资源的数量、计算速度、安全性与并发处理能力远超传统服务器计算模式下的信息存储和管理能力范围，这样可以克服传统管理会计信息系统不能追踪数据过程及流向的不足。

同时，企业经济业务活动一旦开始，管理会计人员便可将会计信息通过任意联网设备存储到"云端"数据中心，并及时对企业会计信息进行更新，为内外部信息使用者提供方便。企业信息使用者通过对云端服务器进行访问获取所需要的相关会计信息数据，并将其下载到相应的计算机终端上，且每一次数据的流动过程都能被记录下来。

4. 改善管理会计信息质量

管理会计信息质量影响着信息使用者的决策科学性，甚至影响着市场经济秩序。目前，我国管理会计信息化建设尚处于起步阶段，相关的管理制度和评价体系正在完善中，如何应对管理会计信息失真的现象是必须面对的问题。

云计算能够为管理会计信息提供良好的验证环境，只有经过检验且合格的管理会计信息才可以存储到"云端"数据中心中，如不合格则交由相关部门进行处理，合格后方能通过，从而减少管理会计信息舞弊和失真的情况。

（三）云计算在管理会计信息化中的应用方式

1. 云计算服务模式

当前行业内已经运行的云计算服务主要包括软件即服务（Software aS a Service，SaaS）、平台即服务（Platform as a Service, PaaS）和基础设施即服务（Infrastructure as a Service, IaaS）三种模式。

（1）SaaS 模式指软件即服务，软件服务商或者供应商以服务形式将软件产品统一发布到云计算基础设施中，并负责运行维护。用户可以根据需要从软件服务商或者供应商处订购应用软件，运营方也可以按照用户所订软件服务的数量或者使用期限进行收费。

（2）PaaS 模式指平台即服务，云计算服务提供商只提供开发语言与开发环境，用户可以在该环境下自己定制业务软件并同步发布至云基础架构中。PaaS 是从 SaaS 扩展和发展而来的产物，这里"云"计算被用作业务开发与运行环境来提供服务。

（3）IaaS 模式指架构即服务，云服务提供商把处理器资源、存储资源、网络资源等基础设施作为一项服务提供给用户，用户可在上面操作其业务软件乃至操作系统。服务提供商只掌握上述设备所有权，负责机房、机器日常运行和维护工作，用户一般根据资源使用量、使用时间来付费。

2. 云计算模型发布模式

云计算模型的发布模式按照发布范围可以划分为四种不同的发布模式。

（1）私有云：该模式下的云计算资源通常只在一个组织内部发布，云计算资源归组织自管，也可以通过第三方托管。

（2）社区云：该模式下的云计算资源发布给多个组织，有些资源可以由多个组织分享，实现资源社区化。

（3）公有云：该模式下的云计算资源被大众利用，或者服务于特定行业内的全部人群，通常通过第三方专业组织进行托管和经营。

（4）混合云：该模式下的云计算资源的发布综合了以上几种方式，每种方式的云计算资源都保持着唯一的实体，但是通过标准或者特有的技术结合在一起。

3. 企业管理会计信息化云计算部署方式

企业管理会计信息化的应用一般只是在企业组织内进行，因此可以灵活选择云计算的服务方式以满足不同企业的差异化需求。

（1）客户内部部署方式：客户以私有云的形式对系统进行内部部署，企业独立运行维护。为此，企业有必要对数据中心进行重构，建设自有私有云或者社区云数据中心。

（2）单租户 SaaS 方式：企业采用公共虚拟专用云的方式来租用托管数据中心服务。在该部署方式下，企业不仅可以得到云服务提供商所带来的高度的可扩展性和灵活性，而且可以得到专业品质服务以确保系统的高效、稳定和、安全运行，主要适用于那些对于安全、效能和数据控制十分关注的公司。

（3）多租户 SaaS 方式：多租户指一个独立软件实例能够服务于多个企业客户。多个企业客户间可共享数据库、服务器及存储资源，并可通过对服务元数据进行修改，实现针对不同客户的定制功能。多租户最大的好处在于成本高效，承租者间软件、硬件、应用程序开发维护费用和系统升级费用共享，从而减少每一个承租者所需承担的成本，适用对象主要是中小企业、行业客户和区域客户。

三、云会计与管理会计的融合应用

（一）云会计的内涵与主体

云会计是大数据时代背景下，以互联网作为交接工具并同时运用云计算技术发展起来的一种虚拟会计信息系统。整个系统由软件应用和必要的硬件设施两部分组成，既能存储、分析会计信息数据，又能实时筛选、传递、共享这些会计信息数据，以此来提供相应的会计数据核算服务，在协助企业会计监督的同时，也为其经营决策的制定提供相关数据服务。云会计可以简单地理解为将云计算技术加入会计数据处理中。

云会计包括两个主体：一是云会计服务商；二是用户。

云会计服务商为云会计软件的运行提供相关的计算机硬件基础设施，并对云会计软件进行开发，维护软件有效运行，同时提供软件的升级服务，为企业提供技术保障，以维护云会计服务的顺利进行，保证云会计相关信息的安全存储。

用户是云会计软件的实际使用者。有关会计信息被用户通过互联网上传到云会计软件，相关人员通过手机或电脑等移动设备登录该软件之后，便可对企业有关财务数据进行查看和处理，同时加工财务信息并即时储存到云端，此过程中会计信息储存和备份无须硬盘及其他装置提供储存空间。同时，云端的数据库能够自动解析会计数据并产生财务报表和其他相关报表，为用户提供会计信息服务，使财务工作变得更方便、更有效率，减少用户的会计信息化成本。

（二）基于云会计的全面预算管理

近几年，随着互联网，大数据，5G等技术的发展，信息化建设在企业各个方面都得到了深入和发展。全面预算管理是一种切实可行的控制手段，给企业开展内部控制提供了一种行之有效的方法，与云会计信息化相结合，能够给企业带来更人性化、个性化的管理服务。

企业可以通过选择云会计服务商，借助云会计服务商的SaaS模式对自身的全面预算管理体系进行建设。云会计服务商在专业技术层面上对系统进行了支撑，并在考虑企业对系统要求的前提下，运用各层技术设计和搭建了系统功能模块，企业只需为云会计服务商所提供的服务缴纳相关服务费用。

云会计服务商 SaaS 模式由两个层次构成：一是专业技术层次，由基础设施层、硬件层、数据层与平台层构成，这几个技术层面提供了虚拟化的硬件服务器，用于企业全面预算管理系统中各种数据的采集与储存，并可以进行数据的计算、分析、检索和管理，做到数据的实时传递，还可以可视化展示相关数据，对全面预算管理中的实时调控起到了高效的服务作用。二是系统功能模块设计层次，云会计服务商可以针对企业全面预算管理系统的特定功能要求，提出对系统界面进行排版的建议等，搭建全面预算管理系统各功能模块，开发出一套适合企业目前管理现状与运营状况的全面预算管理系统，助力企业全面预算管理向移动化、智能化、整体化方向发展。

随着云会计技术越来越成熟和完善，数据存储越来越安全，应用成本也越来越低，企业突破传统全面预算管理有关工作在时间和空间上的局限性只是一个时间问题。从长远看，随着智能化软件的不断开发与推广，云会计将得到进一步拓展，单纯的基础工作将由相关软件取代，会计工作将朝着管理的方向迈进，从财务会计转向管理会计。这一变革给会计人员带来的将不只是工作内容上的变化，而是企业运营模式与员工思维方式上的变化，这就要求会计人员必须有更高、更强的财务分析与战略分析能力，才能保持企业平稳发展。同时，企业日益增强的竞争能力也将给相关数字技术带来全新的需求，这使得云会计的有关软件变得更具个性化。

第三节　人工智能对企业财务会计向管理会计转型的驱动作用

一、人工智能促使财务会计人员转向管理会计方向

（一）人工智能对财务会计工作的影响

1. 人工智能提高了财务会计核算水平

人工智能应用于财务会计领域主要涉及财务会计核算方面。财务会计核算工作重复性高、规律性强，人工智能能够很好地替代人工工作，有效减少人工成本，减轻员工工作负担和压力。与此同时，随着经济的发展，财务会计数据资料的规模越来越大，数据结构表现出多样化和复杂性，手工处理难度增大，而人工智能处理数据有显著的优势。

一方面，人工智能具有运算速度快、信息准确率高等特点，能够为企业经营管理决策提供更全面、更精准的数据支持，还能推动财务数据管理的程序化和规范化；另一方面，人工智能软件在对财务会计数据进行处理时，其精确性相比于人工处理模式得到了较大提升，能够有效规避财务会计人员在进行做账时主观上存在的误差，提升财务会计信息质量并降低决策失误发生率。

2. 人工智能弱化了财务会计监督职能

财务会计监督职能是指财务会计机构和财务会计人员对特定主体财务会计核算过程中的合法性、真实性和合理性进行的审查，是财务会计工作中的一项基本职能。人工智能被广泛地应用于财务会计领域中，能够在一定程度上代替原来财务人员所负责的工作。人工智能所具备的独立性与客观性可以有效避免财务人员因主观因素所导致的误差和差错，使财务会计基础工作朝着更程序化和规范化的方向不断推进，促进财务

会计工作的真实性与合法性。

在财务会计核算中，计量活动也是其中的重要组成部分。数据与计量具有天然联系，计量就是要达到单位统一、量值精确，是一项追求高标准的科学活动。

企业中主要的计量活动就是会计计量，在会计工作中，会计计量是一项重要的工作内容，也是衡量企业财务管理能力以及水平的重要依据。企业财务会计主要通过有关方法和标准来核算会计数据、整合企业内部经济因素等，最终集成到对应账本中。

就当前而言，财务会计在进行计量的时候仍然是以货币计量为主，企业经济行为处理完毕，形成有关统计报表，然后整理入账，最后再对报表的数据和资料进行整理和加工，上报企业管理部门，并以此作为今后企业发展的参考依据。随着大数据在企业的深入应用，数据种类与规模变得多样和庞大起来，财务会计计量的方法与速度已经无法适应企业的发展需要，工作模式较为滞后，特别是对一些非结构化数据束手无策。人工智能技术和大数据的融合应用，能够使传统模式财务会计确认当中无法得到合理计量的事项进行合理计量，从而避免财务会计人员在财务会计核算中的不规范现象，遏制财务会计造假现象的出现。

3. 人工智能发挥出了外部协同效应

企业间的互相协作和资源共享可以提升企业的经营发展水平，并使其获得更多经济利益。当人工智能被广泛应用于财务会计领域时，企业与企业之间、企业与税务之间、企业与银行之间就能够搭建起信息交流的平台，运用人工智能进行自动申报纳税和银行对账，这样既能有效地提高工作效率，又能避免信息流通不畅所带来的工作阻碍。

（二）人工智能给财务会计人员带来的机遇和挑战

1. 人工智能为财务会计人员创造工作机遇

综合搜集和分析各方数据对企业做出财务决策具有重要意义，而仅靠手工来完成信息资料的搜集和分析，既需大量人工成本，又无法保证人工工作结果的正确性与准确度，从而可能影响财务决策的科学性和合理性。

随着人工智能技术的应用，一方面，财务机器人对信息数据的采集和整理能力起到了人工无法实现的作用，特别是财务机器人，具有的一定认知能力，可以采集多种非结构化、半结构化和结构化数据，能够实现海量数据的精确识别、整理和分析。财务机器人对数据进行采集和整理之后，还能按照财务会计人员的指令生成各项财务会计报表。

另一方面，人工智能应用于财务会计领域也将逐渐形成一个完整的信息系统，这个系统既能把财务和非财务信息结合起来，又能把历史信息、现实信息和未来信息整合在一起，进行信息的统一管理，会计人员能够较为及时地获取较多信息，这对于提高财务会计人员的工作质量和效率有着积极影响，拓展了财务会计人员的职能，促使其向管理方向发展。

通过这两个方面的应用可以看到：人工智能的应用使一大批财务会计工作人员摆脱了传统的重复性劳动，使财务会计人员能够拥有更多的时间和机会进行学习，提升自身综合素质，从事价值更高的财务分析工作，参与企业的具体决策和管理。此外，财务会计人员基础工作的替代促使财务会计人员更主动地参与数据管理工作，加速职能转型。

2. 人工智能给财务会计人员带来的挑战

人工智能在财务会计中的发展和应用对财务会计人员提出了严峻的挑战，大量重复性高的基础财务会计工作将被人工智能所替代。例如，财务机器人几分钟就能完成财务会计人员几十分钟才能完成的基础工作，且可以不间断工作；财务机器人利用智能软件来完成原手工完成的重复工作及工作流程，不需要对原有应用系统或者工艺进行修改，这使原来那些费时费力、操作规范化、重复性高的手工作业在较低成本下快速自动化地完成。

综上所述，基础性的财务会计岗位可能会被人工智能替代，这对于财务会计人员来说是一个不得不面对的挑战。不过,财务工作人员可以放心的是,目前财务机器人只能替代基础的重复劳动,而在财务分析、财务沟通等高级工作领域,机器人依然无法替代财务工作人员。

(三)人工智能驱动下财务会计人员转向管理会计

我国十分重视会计人才培养,会计人才数量巨大,为我国经济社会的全面发展提供人力资源。不过,我国大部分会计人员都是从事基本记录、核算等工作,很少承担管理财务会计职能,难以发挥会计对企业经营管理决策起到的支持作用。随着人工智能在财务会计领域的应用普及,许多传统财务会计工作将逐渐被人工智能所代替,企业对财务会计人才的需求也将逐渐减少。

在此背景下,财务会计人员向管理会计人员方向转型就成了一个必然趋势。为此,财务会计人员应积极改变传统观念,强化管理会计知识和技能,主动向管理会计转变。管理会计以财务分析为主,通过财务分析为企业经营管理决策提供依据,从而促进企业经营管理模式的优化和经营管理水平的提升。与此同时,企业转型的价值本质就是提高经营效益[①],企业也能够通过对管理会计的财务分析,及时发现企业在经营管理过程中存在的问题,并且采取有效措施进行问题化解与风险控制,从而提高经济效益。

人工智能的出现使财务会计人员感受到了危机。每天占用很多时间的、基础且繁琐的任务交给机器人只需要几分钟,人工智能成为岗位的竞争者。但是换一个角度来说,财务机器人的研究与开发目标并非替代人,而是帮助人摆脱基本重复劳动,专注于更高的价值使命。

在当前大多数会计工作中,财务系统操作、记账、报告生成等基础生产工作占有很大比重,而真正要花时间去考虑的分析和决策工作却处

---

① 田高良,张晓涛.论数字经济时代智能财务赋能价值创造[J].财会月刊,2022(18):18-24.

于被挤压状态。通过实施机器人技术，高技能、训练有素的财务会计能够按照自身能力进行重新定位。由历史经验可以看出，技术在不断提高工作效率，在现代这个社会里没有出现过大规模失业危机，而是出现了一大批新兴岗位。针对未来人工智能的发展与应用趋势，财务会计人员应把工作更多地定位在分析和交流这种非重复性劳动上，即向管理会计转型。

二、人工智能驱动管理会计发展

（一）人工智能促进管理会计方法创新

人工智能算法实质上就是一些更为先进、高级的计算方法。这类算法本身并不简明，若采用人工进行计算非常费时，而采用这类算法对数据进行分析却能取得较好的效果，但当计算机计算速度不够快或取得这类计算能力所需成本较高时，采用这类方法就不符合成本效益原则。

近年来计算机技术不断发展，处理器运算速度不断加快，制造成本不断降低，尤其是云计算服务器的普及使得企业能够以更低成本获取这些人工智能算法的运算能力。在此情况下，基于算力的提升对算法进行升级就成为必然趋势。管理会计的发展需要对算法进行升级，基于管理会计原理和逻辑，再匹配上更强的算法和算力，对数据的深入分析将如虎添翼，从而实现更精准的预测。

管理会计信息化早已不是一个新鲜的课题，自计算机信息系统，尤其是企业资源计划（Enterprise Resource Planning, ERP）的广泛应用以来，企业累积了海量运营数据。伴随着数字技术的产生与应用，更多设备接入企业信息系统，促进了运营数据成倍增长。这些数据不仅数量远远超过管理会计人员利用传统分析方法所具备的数据处理能力，而且数据存在的形式也超出了传统管理会计方法所能处理的范围，海量运营数据以非量化的形式出现，如企业产品说明采用自然语言形式，生产车间监控录像采用多媒体形式。这些数据均无法直接应用于管理会计的成本计算中。由于缺乏适当的办法来处理这类数据，因而这类大数据很难纳入管理会计体系中。但是这些运营数据作为前置信息，比财务数据更能及时反映出企业的运营状态。管理会计要向前发展就不能放弃这些有价值的数据。此时，自然语言处理、机器视觉等技术的突破，使得对这些多源异构数据进行处理成为现实，为解决这一难题提出了新的思路，促进了管理会计方法创新。

人工智能促进管理会计方法创新主要是利用机器学习技术，人工智能以机器学习为核心技术。根据人类帮助程度的不同，机器学习可分为监督式学习、非监督式学习和强化学习。此三类机器学习均可用于管理会计实务。

首先，监督式学习指计算机通过对企业员工行为所遗留的数据痕迹进行分析来模拟人的思维判断。就成本计算而言，监督式学习的应用场景就是让计算机对上万个产品成本核算记录进行读取与分析，再让其仿照管理会计人员的成本计算方法对同类产品进行成本计算。

其次，非监督式学习是计算机对未经人为分类、注释过的数据进行相关性分析，以帮助管理会计人员找到隐藏在数据里的关联。将非监督式学习应用于成本计算，主要是帮助管理会计人员基于资源耗费记录和不同作业记录的相关性来识别成本动因。

最后，强化学习是机器按照人为设定的原则，经过不断地试错与迭代，找到一个问题的最优答案。将强化学习应用于管理会计成本管理领域，就是要综合考虑多种可能对成本产生影响的因素，找到最优产品生产组合策略。计算机根据给定的各因素对成本影响的规律，基于总体成本最低的大前提，从零开始摸索出能使生产总成本最低的组合策略。

总之，把人工智能算法和管理会计实务结合起来将促进管理会计方法创新，在人工智能驱动下，采用这些前置运营数据进行管理的新型管理会计系统，未来势必要取代对后置财务数据进行分析的常规管理会计系统。

（二）人工智能深化管理会计研究

人工智能的诞生主要是为了代替人类完成工作。现阶段人工智能区别于人的地方主要体现为缺少人的特殊情感、想象力、创造力以及一些心理活动。人工智能和人类之间的区别决定了人工智能尚无法完全取代人类，而只是局部取代部分工作，所以在今后相当长的时间里，在企业管理会计领域，人工智能会与人类一起完成工作。因此，如何设计激励机制与业绩评价指标，使管理会计人员更加高效地利用人工智能，将是管理会计研究中一个新的发展方向。

首先，设计一款能够代替人完成管理会计工作的机器人是需要管理会计人员参与的。就当前最为初级的机器人流程自动化（Robotic Process Automation, RPA）应用而言，RPA是人工智能技术应用于财务领域的先驱，已经被企业所广泛接受。RPA能出色地完成许多重复性强、定义明确、逻辑固定且很少出现意外情况的工作。就财务会计工作而言，RPA机器人凭借其轻量、快捷、高效、低成本等特点带领企业步入自动化初级领域。创建能够模拟财务会计人员进行会计核算的RPA，必须先激励财务会计人员共享其业务知识，并以此为依据设计RPA应用。

使用RPA应用之后，财务会计人员还应参与测试与改进。但如果RPA在成功地模拟财务会计人员业务操作后，会取代财务会计人员的工作，这对财务会计人员而言就意味着下岗或者调离岗位，明显存在着个人与企业之间的利益冲突。因此，在管理会计领域亦是如此，如何设计出一套协调个人与企业利益的薪酬激励机制，使管理会计人员更加乐于参与人工智能的应用打造中去，是值得管理会计研究的课题之一。

其次，在利用人工智能完成管理会计工作的过程中，如何实现人工智能系统和管理会计人员的有效协同也是当前面临的重要研究课题之一。人机协作过程中的沟通机制、信任机制、权利分配、责任分担，以及合作结果的伦理道德考量等，都是建设管理会计人机混编团队所要思考的问题。目前不乏因自动控制系统失效而导致失误的案例，因此，管理会计工作需要人工智能与人类共同合作才能完成，人机协同的有效性是不容忽视的。

最后，随着 RPA 和未来更加先进的智能应用在管理会计领域的深入应用，究竟在何种条件下或何种程度上企业能够采纳人工智能系统的建议做出决策，这也会成为管理会计研究中的一个重要课题。人工智能系统没有感情，对于机器的赏罚无效，所以也就无法承受错误判断所造成的结果。当管理会计人员与人工智能合作完成工作时，唯有管理会计人员才会负责任。若某项工作的多数判断都通过人工智能来进行，则结果的不可控性会大大增强，管理会计人员对工作结果承担的风险会加大。这些不可控性因素与风险将极大地影响管理会计人员的业绩评价与薪酬激励设计。

另外，人工智能过于理性，虽能"铁面无私"，但缺乏伦理道德判断。如何将道德伦理考量纳入计算机自动决策模块目前尚无可行方案。并且，人工智能不够灵活，因此总是按照既定原则办事，不会变通。如果企业过于依赖人工智能，可能会故步自封，进而逐渐丧失灵活性与创造性，这些问题是人工智能时代管理会计研究无法回避的课题。

（三）人工智能改变管理会计研究方法

过去，基于历史性数据的管理会计实证研究实质上是将量化数据作为分析的对象。企业内部的文件、向外公开的财务报告中有相当大比例的文本内容无法使用，还有很多图形、语音、视频等多媒体数据也不能纳入管理会计信息范围。一个原因是这些类型的信息本身无法直接运算；另一个原因是用人工阅读的方式来编码、量化这些信息费时费力且代价过高，人工智能的出现解决了上述难题，改变了管理会计的研究方法。

首先，人工智能对自然语言的突破，使得管理会计研究者具备了使用文本内容进行研究的功能。利用自然语言处理技术，机器可以读懂文本的意思，甚至可以对文本的主要内容进行归纳和总结，直接利用文本进行分析。以企业战略为例，这一概念本来是难以量化计量的，而如今却能培训机器，通过剖析公司年报关于企业战略的讨论文本，迅速识别出企业战略的类型。

其次，人工智能技术中机器视觉、语音识别等技术的突破性进展，为管理会计研究提供了图形、语音、视频等多媒体数据分析的契机。比如，以人工智能算法为基础的面部表情识别技术能够对人员的面部表情进行区分，这为研究管理会计的相关行为提供了情绪变化分析的可能。

最后，机器学习方法不仅可以用于数据处理，还可以用于分析数据之间的相关性。第一，监督式机器学习能够使用企业累积的业务数据，令机器根据过去的经验数据建立预测模型。当类似 Stata 的统计软件中开始增加人工智能算法时，过去通常使用的普通最小二乘法（Ordinary Least Squares, OLS）回归、Logistic 回归模型都将由更为复杂的人工神经网络算法、支持向量机、决策树、卷积神经网络等监督式机器学习方法取而代之。第二，非监督式机器学习是一种适合探索性研究的方法，通过对企业经营业务中有关数据间的联系进行挖掘来分析业务活动中各个方面的内在联系。非监督式机器学习不靠人为注释这一特质，对于案例与实地调研等研究中的数据分析非常有用。第三，强化学习能使机器在某些追求最优策略的研究问题上从零开始自动演算出最优解决方案。强化学习是以计算机的强大算力为基础的一种试错和迭代方式，它能够在分析性理论研究寻找最优策略这一环节上发挥其优势。

总之，人工智能技术将对管理会计应用和管理会计学术研究产生重大影响。这一影响主要会表现为管理会计实务方法不断更新，管理会计研究问题不断拓展，管理会计研究方法不断改变。这些转变也必将为企业管理会计注入新的生机和活力，成为我国管理会计发展的一个新契机。

三、智能管理会计的应用场景

（一）智能预算管理

预算管理的本质是通过对未来经营情况的规划"算赢未来"，是涵盖预算目标制定、预算编制、预算执行和控制、分析反馈等的一系列闭环管理。预算管理的整个过程中，数据已经远远超越了财务小数据，而是以"业务中数据"为基础、以"社会大数据"为助力，涵盖了整体预算目标完成情况、关键行动方案、资源使用内外部对标、预算执行情况自评、外部市场的评价以及新一轮的循环整个过程。数据的获取越及时，数据越完整、质量越高，预算管理越精准、越有效，通过构建量化模型来体现特定业务场景的业务特点、业务流程和管理要点，形成业财、业管融合的双向数据互动模式，从而实现具体业务在未来不同情况下的数据测算，赋能企业预算管理全过程。

预算管理智能化对企业提升市场应对能力有着重要的作用。人工智能的应用可以提升编制预算报表的速度，对企业的产品生产以及控制成本和科学地控制流动资金等一些后续的工作有着重要的意义。

1. 预算目标的制定和分解

预算目标制定与分解是预算管理流程的起点，也是预算发挥作用的行为导向。预算目标是基于企业战略导向制定的，需要对企业内外部环境进行数据分析。传统的预算管理数据主要来源于企业内部，而数据分析也通常由财务部门来独立完成，这样的数据分析方式下，存在预算管理与企业业务脱节、数据缺乏时效性、数据存在局限性等弊端。

人工智能驱动下，预算管理从企业战略规划出发，结合企业自身条件与长远发展目标，通过数据智能分析模型进行辅助决策，基于当期的业绩规划与历史数据，制定出人力、生产、投资、经营等各个维度的预算目标，为企业各部门管理工作提供指导方向。在这一过程中，可以通过构建目标测算量化模型实现预算目标制定和分解的科学性，通过发掘预算目标与影响因素之间的关系，有效提高预算数据的准确性，制定与企业战略相适应的、切实可行的、精准的预算管理目标，从而对企业实际工作和发展发挥指导作用。

2. 预算编制和评审

随着市场环境和经营环境的不确定性增强，预算编制对预测数据的时效性与准确性要求更高。运用人工智能技术可以让数据存储、数据计算、数据分析能力大幅提升。在预算编制过程中，基于历史数据和过往经验，采用机器学习构建多因子模型，通过算法和模型建立与编制主体指标相关联的其他指标的相关性，查看历史关联变化走势，企业高层管理者可以及时掌握预算指标情况。系统通过算法推荐多套相关指标的调整方案，选择系统推荐的方案后，企业管理者可以查看相关指标的调整变化，并将指标变化拆解到维度上，在预算指标分解与内部资源分配方面发挥重要作用，极大地提高预算编制和评审的效率与质量。

3. 预算执行和控制

预算执行和控制是为了及时掌握预算的执行情况，发现预算执行过程中存在的问题，及时采取措施、纠正预算执行偏差。人工智能驱动下，基于自然语言识别、语音转写、多轮对话等新技术的应用，企业管理者可以通过人机交互直接发起对话，灵活实现相关数据的查询、运算及分析；结合预设预警规则，可实时面向业务相关者推送数据异常预警信息，从而第一时间感知预算执行异常；利用预实归因、时序归因、差异归因等分析算法，挖掘数据深层含义，解释预算执行变化及异常情况原因，从而及时采取预算控制措施，提升预算执行与控制的效率，保证预算管理目标的顺利执行。

4. 预算分析和评价

预算分析和评价承担着预算执行情况"指示灯"的作用，预算分析的主体应当与预算编制、执行、控制的主体保持一致。在预算执行过程中，对预算执行进度和结果进行定期和实时检查、跟踪，以分析报表、分析报告和专题报告等形式，为企业管理者提供探讨问题症结的平台，帮助管理者迅速获得各种有用的信息，增进管理者对公司运营状况的把握。

在传统模式下，商业智能（Business Intelligence, BI）系统通常只能提供预置的数据可视化报表，对于灵活的数据查询与深层次的数据分析需求无法快速响应，还需要依赖 IT 部门与分析师团队。

人工智能驱动下，通过将机器学习、知识图谱、自然语言识别等人工智能技术与 BI 技术整合，能够深度挖掘数据价值，提升用户与数据间的交互能力。企业管理者可根据业务逻辑与业务需求，基于业务周期、业务描述等维度通过简单的人机交互，生成图文并茂的业务分析报告，如某产品在某地区某时段的销售额，随时了解预算执行情况与差异产生的原因，从而实时辅助业务决策。企业管理者还可以通过与移动社交软件的应用集成，实现分析报告与相关人员的实时信息共享与业务协同调整；结合机器学习技术，实现对市场环境、企业运营数据的预测，以及着眼于未来的前瞻分析，助力企业管理与运营决策。随着智能数据分析技术的发展与应用，企业管理者可以获取到更简洁、更直观、更及时的可视化预测信息，基于场景化大屏做出战略决策和经营管理决策，及时响应复杂的业务变化并做出快速调整，充分发挥企业预算对经营活动的指导和改善作用。

（二）智能成本管理

企业的成本管理是管理会计的一项重要工作内容，成本管理的目标是用最低的成本来实现利益最大化，利用人工智能和智能自动化流程，如 RPA 和自然语言处理（Natural Language Processing, NLP），对收集到的成本信息进行智能分析，最终为企业提供最高效的方案，合理地降低成本，提高企业的竞争力。下面以金融企业的成本管理为例。

1. 使用 RPA 和 NLP 管理法规变更

金融监管的相关法规政策变化对金融企业成本具有重要影响，收集、整理和理解法规更改并将其对应到适当的业务领域的人工工作非常耗时。虽然可以对机器人流程自动化进行编程以收集法规变更，但还需要了解法规并将其应用于业务流程。这就是复杂的光学字符识别、自然语言处理和人工智能模型发挥作用的地方。光学字符识别可以将文本转换为机器可读的文本。自然语言处理用于处理文本，理解复杂的句子和复杂的监管术语。然后人工智能模型可以利用输出为基于类似过去案例的政策变更提供选项，并通过新法规过滤以标记与业务相关的法规。所有这些功能都可以为金融企业节省大量时间，从而降低人工成本。

2. 简化监管报告

监管报告中最大的时间消耗之一是确定需要报告的内容、时间和方式。这就要求分析师不仅要审查法规，还要对其进行解释，编写有关法规如何适用于其业务的文本，并将其翻译成代码以便检索相关数据。人工智能可以快速解析非结构化监管数据以定义报告要求，根据过去的规则和情况对其进行解释，并生成代码以触发自动化流程，访问多个公司资源构建报告。

3. 减少交易监控中的失误

金融服务中传统的基于规则的交易监控系统容易产生过多的误报，造成成本增加。通过将人工智能集成到传统交易监控系统中，可以最大限度地减少错误的合规警报，并降低审查成本。随着新趋势的确定，人工智能还可用于更新传统的规则引擎和监控系统。

4. 进行背景和法律检查

为了保证金融业务合规性，金融企业需要进行尽职调查，以确保新客户遵守法律，并在整个关系中保持这种行为。根据某些个人的风险水平，背景调查可能需要较长时间。大部分时间都花在收集文件、检查数据库和审查媒体上。人工智能和自动化可以简化这个过程。机器人可用于抓取网络内容并利用情绪分析来标记负面内容。自然语言处理技术可以扫描法庭文件，寻找非法活动的迹象和与分析最相关的媒体报道。

（三）智能绩效管理

在管理会计中最重要的"一个工具"就是绩效管理，在企业的健康发展中起到了推动作用。企业的经营者可以通过对绩效的观察评价了解经营的成果，并根据绩效成果科学有效地制定出企业在以后的发展中的战略和未来发展规划。将绩效管理与人工智能结合起来，实现智能绩效管理，充分利用程序系统中的庞大数据信息，分析员工个人的绩效和团队以及企业三者之间的绩效关系。企业也可以通过智能化绩效来对下属单位以及员工设立评价与奖惩机制，从而促进企业的绩效管理水平。

1. 智能反馈

在绩效管理的过程中，智能绩效管理系统将员工的过程绩效和结果绩效实时录入到大数据平台中，并对员工进行实时绩效反馈，在分析后对绩效较差的员工进行必要的指导。传统的绩效反馈与指导往往采取管理者与员工面谈或提供书面报告的方式来完成，人工智能技术的引入触发了新的绩效反馈与指导方式的诞生。

2. 智能评估

人工智能驱动下，企业绩效评估的重要手段是以获取的海量多维大数据为基础，通过智能算法不断对数据进行分析进而做出评估，而后结合实际情况的评估结果被反馈至算法进行优化使其更加准确。智能评估可以避免人工评价的主观性和"人情"，对组织绩效有积极影响。算法实际上向员工传递了组织制定和倡导的工作标准和规范，当这些信息被员工内化理解并形成自己的价值判断后，大部分员工会按照算法的指令做出符合组织预期的行为。

3. 智能奖惩

智能奖惩是基于智能评估的结果，通过算法以交互和动态的方式对员工进行奖励和惩罚。高绩效员工会获得更多机会、更高的薪酬和晋升，而低绩效员工则会被扣除相应的薪水。人工智能通过调取员工的历史绩效、项目信息等来分析预测其未来潜力，决定员工是否能晋升以及是否调薪。

不过，智能绩效管理不能完全由人工智能决定，宜采取"人机协同"的方式，既不拘泥于传统的"人治"，也不陷入对算法的完全依赖中。通过人类与机器的优势互补，构建高效柔性的绩效管理新模式。

第四节　物联网对企业财务会计向管理会计转型的驱动作用

一、物联网提高会计工作的价值创造能力

在市场竞争日益激烈的今天，企业想要得到长期、稳定的发展，就需要对当前的财务状况、经营成果有全面的把握，财务部门作为企业各部门数据的流动交叉点，自然承担起为企业提供完整信息资料的任务，会计应当通过各种手段和方法对企业经济活动进行预测、分析和评价，而这些工作均属于管理会计范畴。此时，财务会计工作的局限性就显得格外明显，即受到职能限制，无法为企业创造更多的价值。物联网技术的出现赋予了会计工作更全面的体系、更强大的信息共享能力、更高级的运算能力，促使会计工作向管理方向转型，从而创造出更大的价值。

（一）物联网健全会计信息体系

物联网融合了多种感知技术，每种感知都是一种信息源，各种信息相互作用、相互交叉，形成新的衍生信息。这种感知上的全面性使得会计体系走向完善。物联网感知的全面性表现为通过射频识别、传感器、二维码等方式随时随地采集物体信息。在企业生产经营中，哪怕微小到一笔简单的交易都暗含了很多信息，如资金流动状况、客户反映情况、运输费用、手续费用等。倘若要给资产定价，其关键信息还包括市场利率、期间利润等，物联网时代的这些信息具有极强的复杂性且很难精确获取。但信息获取程度关系到企业生存与发展。因此，企业会计需要将更多、更广的内容纳入信息体系，为后续利用信息创造价值奠定基础。

（二）物联网提高会计信息质量

物联网本身就是一种信息传递技术。在物联网时代，所有物体均可通过互联网交换信息且不需人工干预。随着传感器技术、射频识别技术、智能嵌入技术、纳米技术等技术在人们日常生活当中的广泛运用，通过有线、无线网络与互联网信息技术的深度融合，物联网能够实时、精准地传递信息，并形成互联互通、资源共享的信息网络。在物联网环境中，企业从采购环节开始就已刻上射频识别电子标签，之后的生产、产品入库和销售等其他环节也会被嵌套感应器，与电子标签进行实时"互动"，从而将获取的数据信息引入数据仓库。这一系列数据读取与运行均不再需要人工参与，仅有大量物品进行自动"交流"。这种工作流程使企业各部门能够更加轻松便捷地获取到相关数据信息，保证了数据的真实性。

另外，物联网技术驱动下，会计信息系统使用了"实时处理"技术，即数据会在所有交易发生时被立刻采集与更新，没有时间滞后，因而这些数据库中的数据就具备了及时性，同时也提升了会计信息数据的分析价值，为企业经营决策与管理控制服务。

（三）物联网提高会计工作效率

一方面，得益于大数据、云计算、人工智能等数字技术的快速发展，物联网拥有极大的存储空间，支持各种软件与信息服务，这些都为数据信息的快速加工提供了重要保障。在此支持下，物联网能够快速地传输感知信息，实现文字、音频、图形、信号等多种信息形式相互兼容，通过较强的运算能力对这些信息进行快速加工，让企业员工摆脱了人工计算的复杂工作。

另一方面，物联网处理具备了智能化特征，运用云计算、模糊识别以及其他多种计算技术来分析处理海量信息，并智能控制物体。随着物体智能化发展，以及物体与网络的链接的完善，不仅人的行为会产生大量的数据信息，而且物的行为也会产生海量的数据信息。这些数据既包括数字一类的结构化数据，也包括声音和图像一类的非结构化数据。由于企业会计大数据处理要求极高，必须应用智能云计算的模式，极大地促进数据信息与信息的管理效率，为企业创造更多的价值。

二、物联网驱动下企业管理会计的发展路径

在财务会计向管理会计转型的趋势下，企业会计核算向会计管理过渡，物联网的应用具有推动管理会计发展的效果，具体表现在风险管理、投资决策、信息化建设方面。

（一）企业风险管理创新

射频识别技术（Radio Frequency Identification, RFID），又称电子标签，是物联网技术体系中典型且有影响力的一种。在企业管理会计领域采用射频识别技术，能够将智能识别的标签嵌入企业的产品、存货等物品当中，这些标签蕴含着很多关于商品的相关信息，而在实际点货时，借助电子标签能够快速分辨和识别实物个体，并用各种传感设备对特定物体的行为与状态实施有效的监督与控制。这种模式在实际应用过程中存在一定的风险，为此企业需要借助于局域网、专属网等安全、可靠的渠道来进行风险规避。不仅如此，企业还应建立较为规范、完善的企业内部会计信息管理规章条款，来保障管理会计信息应用的安全性，事先制定好切实可行的财务风险管控与应急处理方案，以确保企业生产经营过程在安全的环境下运行。

除此之外，利用多重加密技术对企业管理会计数据信息进行加密也十分必要，可以避免企业会计数据被篡改、破坏或盗用。总之，企业要对管理会计人员的工作行为进行全方位的监控，并对信息处理特定权限进行限制，实行分层授权、加密处理，健全风险管理体系，保证管理会计数据信息的安全，避免信息泄露带来的风险与损失。

（二）企业投资管理创新

投资决策在企业财务管理工作中处于至关重要的地位，前期决策决定了后期实际工作的结果，这一过程既关系到企业价值，又涉及众多相

关利益者，即投资目标是要在实现股东价值最大化的前提下，也尽可能实现相关利益者价值最大化。

企业在进行实际经营与生产的过程中，首先要有针对性地制定保障投资者、经营者，以及其他各方面相关利益者的战略目标；其次为保障战略目标的合理性，须充分考虑各方面有关因素的作用，协调分配相关主体利益。由于各相关方主体承担风险的比重不同，因而收益比重亦有所区别。

管理会计人员作为财务信息的掌握者，应充分利用信息优势来履行管理职能，既要准确地分析和把握企业的总体资金投入与产出信息，也要对企业投资风险、投资方向等做出合理的事先预判。在整个过程中，利用物联网技术能够了解各相关主体以往的生产和经营信息，包括物流信息、资金流信息等，从而更好地实现业务交流。当具备一定的信息基础之后，企业的计划和预测也会更具有合理性和可靠性，从而为投资决策的落地执行提供依据并尽量避免风险，保证后续投资任务的顺利完成。

（三）管理会计信息化建设

管理会计信息化是现阶段我国企业会计管理工作改革的大方向，为了顺应时代发展潮流，企业需要对会计工作实施信息化改革。为了保证会计信息化建设工作效率和工作质量的提高，有效地利用物联网条件来指导管理会计的信息化建设是一条可行的路径，为此，企业管理会计人员需要，深入理解数据信息的价值，并运用所学专业知识促进职能的发挥。

当今物联网体系具有强大的功能性与创新性，但其中并不存在可遵循的固定标准。标准缺失制约着物联网技术发展，在普及时也会存在障碍。因此，为了保证物联网技术的优势能够进一步发挥出来，需要先对物联网体系做出标准化规定，从而推动物联网技术更加广泛地运用和长久地发展。从企业管理会计工作的角度来分析，运用射频识别技术能够全面监管企业的各项经营活动，并建立与内部管控体系密切结合的信息化体系，使会计工作监督效率更高、更规范，保障企业利益和发展。

三、基于物联网的成本管理应用场景

（一）资产管理

一方面，物联网可以帮助企业实现资产管理的自动化和数字化，提高管理效率，降低管理成本。具体而言，企业可以通过在资产中部署传感器和设备来实时监测设备的状态、位置、环境等变化。传感器可以测量温度、湿度、压力等参数，以便管理人员对设备进行及时维修和保养。通过物联网连接的传感器和设备，企业可以收集大量的数据，包括设备的使用频率、维修历史、位置信息等。这些数据可以通过分析工具进行处理和分析，方便资产管理人员了解设备的使用情况和维护需求。

另一方面，物联网可以帮助企业进行资产跟踪，提升资产的利用率。例如，对库存商品而言，库存跟踪是个烦琐的程序。跟踪发往世界各地的单件货物和所有进货商品很容易出错。物联网可以为企业提供产品的确切位置、名称、可用性、当前状态，以及拥有产品的人员名称等相关的数据，帮助企业加强库存跟踪过程。企业工作人员可以使用 RFID 标签和手持式扫描仪来确认仓库中的库存物品，进行库存的自动检查并实时更新和维护库存，创建智能货架，以便企业可以随时查找库存的详细信息，并利用这些信息来决定是否需要订购特定产品，加强库存产品的合理管控，避免库存耗尽或库存成本上升等情况。

（二）生产管理

物联网通过将物理设备、传感器和其他智能设备与互联网连接，为企业提供了更多的数据和洞察力，帮助企业降低生产成本，具体包括四个方面。

一是物联网可以帮助企业实现生产自动化和智能化，通过使用传感器、智能设备和自动化系统来自动监测、控制和优化生产流程，从而提高效率、降低人工成本和减少错误率。

二是通过对生产设备的实时监测和远程控制，帮助企业及时发现设备故障、预测维修需求、避免生产中断和延误，从而减少生产成本，提高生产效率。

三是通过收集大量的生产数据，并使用数据分析和机器学习技术对其进行分析和预测，帮助企业优化生产流程、预测设备维护需求、避免设备故障和延误，从而降低维护成本和提高生产效率。

四是通过监测能源的使用情况和成本，分析能源的使用效率，制定节能方案，从而优化能源利用和节省成本。

（三）员工管理

物联网可以通过将传感器和设备连接到互联网上，收集大量员工数据，从而帮助企业进行员工管理，降低人力资源成本。

首先，物联网可以利用传感器监测员工所处的环境，包括室温、湿度、空气质量等，以确保员工的工作环境符合标准，保证员工的身体健康和工作效率。例如，运用安装在工作场所的各个区域的温度和湿度传感器来监测温度和湿度的变化，确保员工的工作场所保持舒适和安全；运用空气质量传感器检测员工工作区域的空气质量，包括二氧化碳、氧气和有害气体的浓度等，帮助提高员工的工作效率和安全性；运用光照传感器测量员工工作区域的光照强度，帮助企业优化室内照明，确保员工的视觉健康和舒适。

其次，物联网可以通过多种方案确保生产人员的安全，减少企业的人力成本。物联网通过安装传感器和其他设备来监测生产线上的机器和设备，以及生产人员所处的环境，利用这些数据进行分析，预测机器故障和生产人员所处的环境变化，以便企业及时采取措施以确保生产人员的安全。同时，物联网还可以通过在生产场所内安装实时定位系统追踪生产人员的位置，监测工人是否走进了危险区域或离开了安全区域，并将智能设备分发给生产人员，对处于危险的生产人员进行警报和提示，帮助生产人员避免危险行为和错误操作，从而确保生产人员的安全。

最后，物联网可以通过连接员工工作场所的门禁系统，实现自动化考勤。员工进出公司时，门禁系统可以自动记录员工的出勤时间，确保员工的工作时间准确无误。这种考勤方式避免了传统的考勤需要人力资源部门手动计算、审核和统计，大大节省了人力资源部门的时间和精力。且规避了人为计算或记录错误，提高了考勤数据的准确性和可靠性。

第五节　区块链对企业财务会计向管理会计转型的驱动作用

一、区块链在会计监督方面的作用

区块链在会计领域应用的角色就是"安全保障员"，这一角色使其在会计监督职能的发挥上具有极大优势，确保了财务会计信息的真实与准确，为管理会计工作的开展奠定了财务会计数据基础。

首先，区块链促进财务会计在真实性、可靠性及公允表达方面不断完善。在区块链环境中，所有数据都存储在网络节点中，信息是用代码的方式记录下来，数据根据信息密钥合约自由匹配。但是，在区块链的世界中节点数不胜数，共同记录着区块链从创建之初数据发生的变化。由于网络节点并不唯一，一旦某个节点遭到恶意篡改，通过和区块链世界中的其他节点进行对比，就可以纠正数据误差，这样可以极大地降低数据被篡改的概率。

因此，自财务会计信息产生到财务报表生成，再到财务报表公布，区块链可以精确无误地记录财务会计信息，提高了会计信息的透明度，避免由于企业内部工作人员恶意篡改财务数据，造成企业财务状况和经营状况之间存在较大出入，保障应用财务会计信息的管理会计工作顺利开展。

其次，区块链的"去中心化"增加了会计信息的可信度，降低了财务会计工作的人工成本。区块链不需要统一的中心记账，而是采用加密方法，使数据同步记录到多个节点上，消除了全部数据汇聚在一个中心可能被篡改的情况。通过区块链的各个节点，企业会计信息流通过程中的每个环节均可追溯，从而在源头上保证了数据的真实与准确。同时，区块链数据不可篡改的特点对财务工作同样具有增强数据真实性的作用、可靠性的作用。

由于交易通过广播方式传播到区块链世界中的各个节点，不需要中心提供保证。因此，财务会计人员不需要留存太多的原始凭证就能保证交易可靠且可溯源，极大地节省了交易成本，提高了工作效率。从交易的发生到数据的形成，这笔交易的有关数据将记录在区块链的各个节点上，一经记录就不能更改，不仅降低了企业内部人员修改会计数据、粉饰报表的概率，而且减少了财务会计人员手动操作的工作量，规避了人为失误造成会计信息质量降低的风险。在此情况下，企业财务会计工作量减少，所需要的基础会计人员岗位也会缩减，迫使财务会计人员向管理会计方向发展，也为企业节省了一笔成本费用。

最后，区块链的数字加密技术提高了企业交易的安全性。公共密钥加密过的文件，持私钥者方可解密文件，这种非对称加密技术确保了区块链世界里数据流通的安全性。在企业交易进行时，交易双方分别进行记录并将各自经过私钥加密的交易数据发送到区块链世界，交易双方在互相接收到该交易的数据后，利用发送方的公开密钥解密。

在常规财务运作下，繁重而又反复的财务工作会使财务人员产生一些不可避免的人为失误，如输入错误、计算错误等，继而造成资金流出。区块链加密算法不仅可以保证支付安全，而且非对称加密技术可以实现对单次交易中双方身份的电子化确认，若对方没有公钥则交易无效，这样就大大减少了财务工作的失误率，增加了付款安全性，而财务会计人员也无须对出纳付款经过再三的监督确认，减轻了工作量。

二、区块链驱动管理会计的发展方向

区块链驱动下，管理会计的发展朝着数据共享、业财融合、人财融合的方向不断迈进。

（一）数据共享

区块链技术可以在很大程度上促进管理会计数据共享，这是由于区块链的技术特征与管理会计逻辑相契合。

首先，区块链技术的核心特点是分布式和去中心化，数据存储在多个节点上，而不是集中在某个中心服务器上。这样可以确保数据的可靠性和持久性，降低单点故障的风险，同时提高管理会计数据共享的效率。

其次，区块链技术通过加密算法和共识机制确保数据的不可篡改性和真实性，这为管理会计数据共享提供了可靠基础。数据透明度可以增强企业内部各部门之间的信任度，鼓励数据共享。其实不仅企业内部，区块链技术还可以促进企业与外部合作伙伴之间的数据共享。通过共享管理会计数据，各方可以更好地协同工作，提高整体效率。

再次，基于区块链的数据共享系统可以实现实时数据更新和传播。这意味着管理会计数据可以迅速同步到相关部门，以支持及时、准确的决策制定。

最后，尽管区块链提供了数据透明度，但其通过加密和访问控制机制保护数据隐私。这意味着在共享管理会计数据时，企业可以根据需要设定不同的访问权限，确保数据安全。

总之，区块链技术可以促进管理会计数据共享，提高企业内部和跨组织的协同效率，支持更好的决策制定。

（二）业财融合

业财融合是管理会计的重要发展方向。管理会计旨在为企业提供内部管理所需的财务和非财务信息，以支持决策制定、规划和控制。业财融合指的是业务与财务在策略、决策、执行等方面的高度协同与融合。

区块链的应用促使管理会计以数据共享为基础，深化业财融合。

具体而言，区块链技术通过分布式账本和加密技术保证数据的不可篡改性和真实性，提高了数据透明度。这有助于打破企业业务部门与财务部门之间的信息壁垒，实现数据共享和协同，从而促进业财融合。同时，区块链技术可以通过智能合约实现自动执行特定任务，如自动结算、自动报告等。这将减少人工干预和繁琐流程，提高业务与财务流程的效率，促进业财融合。另外，区块链技术可以为企业提供新的业务模式和收益来源，如基于区块链的供应链金融、数字资产等。这些创新业务模式将进一步推动业务与财务的紧密融合。

（三）人财融合

管理会计的作用主要体现在对内管理的支持作用上，这种作用不只发挥在业务部门的工作中，还能发挥在人力资源管理部门上。因此，人财融合也是管理会计发展的重要方向之一，区块链在促进人力资源管理与财务管理相融合方面具有显著潜力。

首先，通过使用区块链技术和智能合约，企业可以自动化地处理工资、奖金和福利的发放。这有助于降低人力资源和财务管理部门的工作负担，减少人工错误，使发放的效率提高。

其次，区块链技术可以跟踪员工培训和发展项目的投资效果，从而帮助企业在财务管理中更好地分配资源。同时，这有助于人力资源部门了解培训效果，优化员工发展计划。

最后，区块链技术可以通过加密和访问控制机制保护敏感数据，如员工个人信息、工资等。这有助于确保数据安全，提高员工对企业信息管理的信任度，同时也帮助企业建立更为严密的内部控制体系，提高人力资源审计的效率和准确性。此外，不可篡改的数据记录可以为企业提供强大的合规证据，降低潜在的法律风险。

总之，区块链技术可以有效地促进人力资源管理与财务管理的相融合，提高企业管理效率，降低成本并提升透明度。

三、区块链在管理会计领域的应用场景

（一）"区块链＋预算管理"

管理会计中的预算管理是对未来年度的计划，分经营预算、财务预算，以及资本支出预算。企业编制预算旨在让各职能部门互相配合，实现企业整体价值最大化。目前，区块链技术已经开始应用于很多方面，全面预算管理也是一个可行的领域。

一方面，区块链可以解决目前全面预算管理中数据收集效率不高的问题，消除信息不对称。区块链的"去中心化"使得企业内部各部门上一年度业绩数据得以全面记录，且真实可信。通过将各部门之间的数据进行有效存储，能够确保数据的完整性和真实性。数据的传输无需经过各部门的逐层批准，而是以分布式账本记录了点对点的交易情况。管理层可在任何时候获取加印时间戳的经营数据，这些真实可信、完整无缺的数据，能够为预算编制提供更加全面的信息参考，也能让管理层更加了解各部门的具体工作量，以及完成预算目标所需要的成本，有助于管理层进行有效的控制和考核，促进公司预算目标的实现。

另一方面，传统的预算管理流程通常要有完备的组织体系做支撑，组织成员能力与行为均影响企业预算目标的达成。区块链出现后，企业管理结构发生变化，本来各自独立、信息交流少的部门开始能够相互监督，这是由于区块链带来了数据的公开透明和无法篡改，预防了为获取业绩而造假的行为。在全面预算管理实施的过程中，一旦发生不符合预算标准的情况，在区块链的支持下，企业可较确切地溯源到问题发生的那一环，不再需要传统管理流程中层级和层级间的逐级回溯。预算执行效率得到改善，助力企业参与市场竞争，实现价值最大化。

（二）"区块链＋作业成本法"

作业成本法的出现和应用旨在改进传统作业中存在的计算不充分的情况，区块链技术与作业成本法的融合，可以对成本动因分析、作业分

析、业绩分析提供更加精确的数据支持。

首先，区块链在数据层可对各项作业进行数据存储，使得各责任中心数据均得到完整而有序的记录。同时，利用时间戳对每项任务所产生的数据进行签名并写入区块链系统，可以保证数据的真实性与可靠性。

其次，区块链在网络层进行传播，根据作业成本管理在企业中的具体运用，向各责任中心，也是各个节点，传输其储存的资料。

最后，区块链在共识层上可以对全部节点进行验证，验证后的数据永久地记录在区块链上。同时，区块链的"去中心化"数据存储模式，避免了传统会计核算的跨部门、跨组织核算带来的信息不对称风险。基于区块链技术的成本控制模型能够很好地解决企业间成本核算差异大和成本管理分散等问题，让成本核算变得更加精准，为商品进行更加精准的定价提供数据支持，增强其市场竞争力。

（三）"区块链＋绩效评价"

传统绩效评价需人工录入、层层核定，主观因素影响考评结果公正性，而区块链的应用将完全改变传统绩效评价模式。

以管理会计平衡计分卡为例，其划分为财务维度、顾客维度、内部流程维度、学习与成长维度四个维度。区块链与平衡计分卡的融合以企业战略为出发点，把各个责任中心都设计为一个区块，并在区块内设置计划值，再把责任中心的区块连接起来构成区块链。由于各责任中心四个维度指标之间有因果关系，且各责任中心之间信息互通、公开透明、环环紧扣、构成闭环，使得绩效评价系统更为完善。管理者能够时刻掌握战略的执行情况；员工能够参与管理，了解自己的绩效情况，从而提高员工的责任感和积极性；产品的生产和销售能实现各个环节数据可追溯、及时发现问题并进行调整。

总之，区块链技术在绩效评价方面具有很大的潜力，可以使绩效评价更加公正、透明和高效。需要注意的是，实施区块链绩效评价系统需要克服技术、安全和隐私等方面的挑战，并确保系统的可扩展性和适应性。

第六节　5G 技术对企业财务会计向管理会计转型的驱动作用

一、5G 技术驱动下财务会计转型的必要性

5G 技术，作为第五代移动通信技术，具有众多革命性的特点和优势。5G 技术的传输速度比第四代移动通信技术（the 4th Generation Mobile Communication Technology, 4G 技术）快许多，理论上峰值速度可以达到每秒 20Gbps（千兆比特每秒）。这种令人难以置信的速度将使得无缝高清视频流、虚拟现实体验和即时云服务成为现实，同时，5G 技术在传输速度和容量提升的同时，还具有更高的能效。这将有助于降低移动设备的能耗，延长电池寿命，进一步提升用户体验。

另外，5G 技术的网络延迟非常低，通常在 1 毫秒以下。这种极低的延迟使得 5G 技术非常适合应用于自动驾驶、远程医疗、工业自动化等领域，极大地拓宽了移动通信技术的应用范围。5G 技术还能够支持大量设备的连接，预计每平方公里可支持上百万台设备同时在线。这意味着物联网将进一步普及，为智能城市、智能家居、智能交通等领域的发展提供强大支持。总之，5G 技术运算速度快，数据处理能力超强，这一技术的产生将在很大程度上助力数据的传输与汇总工作。

经过多年的快速发展，财务会计工作从账簿变为屏幕，将算盘改造成键盘，实现了以会计电算化为代表的计算机记账形式，代替手工账务处理等核算形式。在 5G 技术时代背景下，企业面临着前所未有的挑战与机遇。云计算、大数据、人工智能和其他数字技术正逐步融入各行各业中，促使传统行业发生创新与变革。企业管理者们也越来越认识到了会计信息对于企业运营与发展至关重要，传统的财务会计模式逐渐被淘汰。

在市场经济不断深入和全球化、多元化发展的今天，集团型企业层出不穷，企业间竞争也在不断加剧，企业是社会经济发展的主体单元，积极应对数字化变革大潮势在必行。就传统财务会计工作而言，以薪资发放、填写会计凭证、编制会计报表、纳税操作和其他工作事项为主，主要进行事后会计信息的提供，对于企业决策的价值较小。5G 技术时代下，财务部门作为企业经营发展中的主要职能部门，要做到与时代变革接轨，企业财务人员将面临多元化、复杂化的经济业务，必须摆脱传统繁琐的核算工作，发挥主动性、创造性，转向管理会计，探究财务数据背后所蕴含的内涵，高效地发掘对于企业发展具有重要意义的财务信息，迅速做到业财融合，为企业创造更大价值。例如，会计工作必须着眼于对某一产品将来的销售走势进行预测，对一种产品由于技术不断更新而引起成本变化进行前瞻性考量，而不是仅做到事后的记录与核算。一成不变的财务会计思维已经无法满足企业外部发展的需求，从财务会计到管理会计是会计发展到一定阶段的必经之路。

二、5G 技术对管理会计的影响

5G 技术对管理会计产生了巨大的影响，既带来许多新的发展机遇，也带来了新的挑战，如图 3-4 所示。

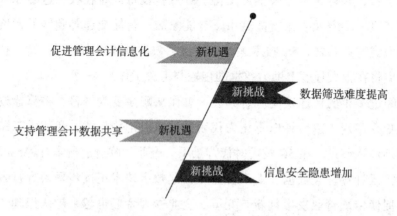

图 3-4 5G 技术对管理会计的影响

（一）5G技术给管理会计带来新机遇

1.促进管理会计信息化

管理会计在我国的发展时间其实并不是很长，但是，在短短几十年的发展过程当中，已经在理论和实践上取得了不小的成就。管理会计从最开始的数量管理和定额管理，到后来的成本管理和价值管理，其发展和进步都离不开计算机和相关技术的支持，并且在现如今数字技术的支持之下，管理会计已经慢慢从项目管理和部门管理演变成战略管理。

5G技术最强大之处就在于数据的采集和分析处理的速度和范围，能够最大限度地帮助企业利用相关信息融合财务与业务活动，对管理会计信息化产生积极的推动作用，全面提高企业的管理会计水平。就5G技术本身而言，5G技术的高速率和低时延特点使得企业能够实时获取和处理财务数据。这有助于提高管理会计报告的准确性和时效性，为企业管理者提供更为有效的决策支持。

5G技术最实用之处不在于"单打独斗"，而是与其他数字技术的融合应用，为管理会计的信息化建设提速。例如，5G技术可以支持大量设备的连接，形成物联网。通过物联网技术，企业可以实时监控生产、销售、库存等各环节的数据，从而更好地进行成本控制、预测分析和资源配置；5G技术将加速企业对云计算和大数据分析的应用。企业可以通过云计算平台高效地收集、整合和分析海量数据，利用大数据技术为管理会计提供更深入的洞察，从而实现更精细化的管理和决策支持。

2.支持管理会计数据共享

5G环境下的管理会计信息化，能够帮助企业其他部门人员更加简单容易地对企业数据进行查询与管理，从而保障了管理会计数据的共享。财务共享一直是财务信息化的主要模式，5G技术与其他数字技术的融合应用给财务共享奠定了基础，也带来了新的发展机遇，企业财务部门将以财务共享为前提，向数据共享模式转变，不只进行财务信息的共享，还可以针对企业其他部门的发展进行具体的分析与评价，让企业所有的数据都在财务部门进行流动与汇集，让管理会计真正参与企业管理，而不再局限于一个支持企业管理的角色。

当然，企业建设数据共享中心并增强其适用性不可避免地需要网络技术作为支撑，5G 技术具有增加系统容量、支持大范围设备连接等功能，可以使管理会计数据共享工作迈上新台阶。

（二）5G 技术给管理会计带来新挑战

1. 数据筛选难度提高

尽管 5G 技术为管理会计带来了新的发展机遇，但其高速传输和海量数据链接的特点也可能导致管理会计数据筛选难度的提高。

一方面，由于 5G 技术能够支持大量设备的连接并实时传输数据，这将导致企业需要处理的数据量急剧增加。在这种情况下，管理会计人员可能面临数据过载的问题，难以快速识别和分析关键信息。

另一方面，随着数据量的增加，数据质量的控制也变得更加重要。在 5G 技术环境下，管理会计人员需要投入更多精力对数据进行清洗和验证，确保数据的准确性和可靠性。一旦无法对数据进行有效的筛选和处理，反而会对管理会计工作的开展产生负面影响。这些工作都对管理会计人员的技能水平提出了更高的要求，他们需要熟练掌握大数据分析、云计算、人工智能等数字技术，以便更好地处理海量数据并为企业提供有价值的决策支持。

2. 信息安全隐患增加

5G 技术时代的到来意味着网络通信技术有了很大进步，但是目前企业管理会计应用工具相对落后，安全性能方面还有待进一步完善。对于企业来说信息安全很重要，管理会计涵盖着企业方方面面，蕴藏着企业海量机密信息，一旦这些信息被泄露出去，无疑将使企业蒙受严重的损失。随着 5G 技术的普及，网络攻击手段也将更加复杂，可能给管理会计信息安全带来一定的隐患，出现数据泄露、数据篡改等情况。

为应对 5G 技术普及带来的管理会计信息安全隐患，企业可以采取相应措施来保护数据和应对网络攻击。具体措施包括以下几种。

（1）更新安全策略，如加强对敏感数据的保护、实施访问控制、定期审计和评估安全措施的有效性等。

（2）强化身份认证，如采用多因素身份认证技术，确保只有授权用户才能访问敏感信息。

（3）加密通信，使用端到端加密技术来保护数据传输过程中的隐私和完整性，有效防止数据在传输过程中被窃取或篡改。

（4）定期进行安全测试，包括渗透测试、漏洞扫描等，以识别潜在的安全漏洞并及时修复。

（5）建立应急响应计划，以便在发生安全事件时能够迅速采取措施，减轻损失，计划内容应包括事件报告、问题定位、损失评估、恢复措施等方面。

通过采取这些措施，企业可以降低 5G 技术普及带来的网络攻击风险，保障管理会计信息的安全。同时，企业也需密切关注 5G 技术和网络安全领域的最新发展，以便及时调整和完善安全措施。

三、5G 技术在管理会计领域的应用场景

（一）5G 技术资产管理

在企业发展过程中，随着规模的扩张或业务的拓展，会逐步购入大量资产，时间越久，资产的数量会越来越多，固定资产利用效率低、重复购置、核查与盘点出错率高等现象也就日渐显现出来。

5G 技术驱动下，可充分利用 5G 基站的密度优势进行资产管理。5G 频率高，在覆盖区域的基站密度会很大。基于 5G 技术大连接、低功耗的特点，结合工业互联网标识解析体系，将 5G 技术与 RFID 技术结合，能够解决最后 50 米覆盖的问题。"5G+RFID"架构创新打造实物位置管理、资产运行管理、资产管理系统及关联系统接口管理、创新管理四个应用

场景，从固定资产信息采集到管理平台，实现了固定资产的统计、资产管理、资产调拨、全生命周期管理、盘点管理、资产地图业务等功能，助力企业进行资产全生命周期活动，持续优化风险、成本、效能，提升资本性的投入，使企业可持续发展。

在 5G 技术资产管理模式下，从资产管理到设备管理再到设备综合效率管理，资产数据、设备数据、生产数据都需要参与其中。工业互联网可以起到一种承载作用，避免企业从头摸索底层互联模式，让企业专注于上层场景创新应用，用更合理的投资获得最大效益。

（二）5G 技术管理会计报告

利用 5G 技术进行管理会计报告的可视化展示将大幅提升报告的易读性和直观性。具体而言，5G 技术管理会计报告可以具有以下五项功能。

1. 实时数据展示功能

借助 5G 技术的高速度和低延迟特性，管理会计报告可以实时更新关键财务数据，如收入、支出、利润等。通过动态图表和仪表盘展示这些数据，决策者能够迅速了解企业的财务状况。

2. 交互式图表

可视化报告可以包含交互式图表，使用户可以深入挖掘数据，了解不同业务部门、产品线或地区的具体财务表现。这将帮助企业更好地识别业务强项和弱项，优化资源分配。

3. 预测与趋势分析

借助 5G 技术，管理会计报告可以实时进行预测分析，展示未来财务趋势和潜在风险。通过趋势线、预测图等可视化工具，决策者可以更容易地识别和应对市场变化。

4. 个性化展示

5G 技术可支持高度个性化的可视化报告，允许企业决策者根据自己的需求定制报告内容和展示方式。这将提高报告的针对性和实用性。

5.移动端访问

5G 技术使得管理会计报告可以在移动设备上实现高效的可视化展示。决策者可以随时随地查看报告，便于快速做出决策。

总之，5G 技术将极大地丰富管理会计报告的可视化展示，提高报告的实用性和决策价值。

第四章 企业管理会计技财融合数字化实践

数字技术在财务领域应用绝非简单的某一单个技术的引进与落地，财务数据中台是指通过搭建一个数据集成和管理平台，将分散在企业各个业务系统中的数据整合起来，形成一个全面、准确、及时、可信的数据汇总和管理中心，提供给企业决策层和管理层使用的平台。这就是技财融合的直接实践，是多种数字技术在管理会计领域的集中应用。技术和财务的融合本身是一场关于会计的深刻变革，引领着后续的业财融合与人财融合实践。本章主要讨论技术和财务的融合对企业会计领域的影响和应用实践。

第一节 技财融合是企业会计转型的动能

一、技财融合的内涵与表征

（一）技财融合的内涵

摩尔定律、梅特卡夫定律、达维多定律等无不在说明技术是现代企业创造价值的新动能。

摩尔定律是一条关于集成电路制程技术发展速度的经验定律，最早由英特尔公司创始人之一戈登·摩尔在1975年提出。当时他观察到半导体行业的一个趋势：每隔大约两年，集成电路上的晶体管数量就会翻倍。换句话说，每隔一段时间，微处理器的性能会大约提高一倍，而成本则相对保持不变。摩尔定律并非严格的物理定律，而是一种经验规律，反映了半导体行业的技术进步速度。几十年来，摩尔定律在很大程度上推动了计算机、通信和电子设备的快速发展。[①]由于处理器性能的持续提升，计算机硬件和软件能力得以不断扩展，使得各种应用得以实现，如大数据分析、人工智能、虚拟现实等，为企业价值创造提供新的技术动能。

梅特卡夫定律是一条描述网络价值与网络规模关系的经验定律[②]，最早由乔治·吉尔德于1993年提出，但以计算机网络先驱、3Com公司的创始人罗伯特·梅特卡夫的姓氏命名，以表彰他在以太网上的贡献。梅特卡夫定律指出，一个网络的价值（或效用）与网络中节点数量的平方成正比。这条定律的基本思想是网络中的每个节点都可以与其他节点相互连接，形成一个通信链路。因此，随着节点数量的增加，通信链路的数量将呈指数级增长。这意味着网络的价值会随着参与者数量的增加而迅速增加。梅特卡夫定律在很大程度上解释了网络效应的现象。这种效应在许多领域都有体现，尤其是在互联网和通信行业。例如，电话、社交网络、即时通信软件等，这些服务的价值在很大程度上取决于使用它们的人数。随着用户数量的增加，这些服务变得越来越有价值，吸引更多的用户加入，从而形成一个正向的循环，助力企业创造更大价值。

达维多定律是由曾任职于英特尔公司高级行销主管和副总裁的威廉·H.达维多于1992年提出并以其名字命名，该定律是一种关于技术发展和市场选择的观点。达维多定律主张，尽管新技术可能在性能上优于旧技术，但由于旧技术具有较高的市场渗透率、更大的用户基础和更

---

① 戚聿东，徐凯歌.后摩尔时代数字经济的创新方向[J].北京大学学报（哲学社会科学版），2021,58（6）：138-146.

② 贾凡.梅特卡夫定律在互联网企业价值评估中的应用[J].上海商业，2023（1）：92-94.

为完善的基础设施，新技术在短期内难以取代旧技术。达维多定律强调了技术的"路径依赖"特性，即历史进程对技术发展方向的影响。[①]达维多以19世纪的键盘布局问题为例来阐述这一定律。柯蒂键盘布局的键盘在当时并非最优设计，但由于它在市场上最早被广泛采用，成为事实上的标准。后来出现的更高效的键盘布局，如德沃夏克键盘布局，虽然在性能上有所优势，但在市场上难以取得成功，原因在于柯蒂键盘布局已经形成了庞大的用户基础和相关产业链。达维多定律揭示了历史事件和早期决策对技术发展的持久影响，提醒我们在技术创新和市场竞争中，成功不仅仅取决于技术的性能优越性，还取决于市场渗透、用户习惯、基础设施建设等多种因素。因此，在技术创新和市场策略制定过程中，需要充分考虑这些因素，才能更好地应对市场竞争和技术变革，数字技术在企业中的应用也要注意这一点。

技财融合正是基于上述定律提出的，指在企业运营管理过程中，技术与财务领域相互渗透、整合与协同发展的过程。本书所指的技术主要是数字技术。因此，也可以认为技财融合就是数字技术与财务管理的融合。

技财融合要求企业充分利用先进的数字技术，如大数据、云计算、人工智能、物联网、区块链、5G技术等来提升财务工作的效率和准确性，特别是加强对管理会计的支持，最终目标在于实现管理会计的数字化，把企业财务部门从财务共享中心升级成为企业数据中心，这与企业会计转型的趋势十分契合。

（二）技财融合的表征

技财融合的表征包含以下四个方面，如图4-1所示。

---

① 太阳.达维多定律：让创新成为企业发展常态[J].山东国资，2021（9）：99.

从业务流程向应用
场景转变

从数据共享向数据
驱动转变

从工具自动化向决策
自动化转变

从信息录入向无感
采集转变

图 4-1　技财融合的表征

1. 从工具自动化向决策自动化转变

所谓工具自动化，是指通过使用软件和硬件技术，将人类原本需要手动执行的任务转化为自动化过程。自动化技术可以显著提高生产效率、减少人为错误、降低劳动成本，从而在很多行业和领域得到广泛应用。这个过程就像由步行变成骑自行车，又变成坐汽车、飞机一样，人类在工具进步的同时也在增强自己的本领，但是工具并不能确定目的地，目的地与路径的选择是一个决策。

对于企业经营来说，销售策略、供应商策略、生产策略等都是隐含的经营决策问题。在财务领域，怎样做好税收筹划，如何科学投融资，如何进行资产管理等，均是决策重点。工具自动化仅仅能提高财务工作的效率，并不能完成管理会计支持企业决策的工作目标。因此，决策自动化才是技财融合的最终目的。

决策自动化是通过使用先进的算法、人工智能、数据分析技术等，将原本需要人类进行判断和决策的任务转化为自动化的过程。决策自动化系统通常会分析大量的信息，基于预先设定的规则和模型，为特定问题提供解决方案或者决策建议。这样的系统可以帮助企业和组织提高决策效率、降低错误率，并在某些情况下提高决策质量。

决策自动化在许多领域和行业得到了广泛应用，例如，在金融行业的信贷评估、风险管理、投资建议等领域中，通过分析大量的财务数据和市场信息，自动化系统可以为银行和金融机构提供更准确、更快速的决策支持；在供应链管理领域，通过对库存、销售、物流等数据的实时分析，决策自动化系统可以帮助企业优化供应链管理，提高运营效率；在人力资源管理领域，通过对员工绩效、能力、潜力等多维度数据的分析，决策自动化系统可以为企业提供更加客观、公正的招聘、晋升和激励决策。诸如此类的案例数不胜数。

技财融合就是将各类数字技术应用到财务工作中，特别是管理会计领域，借由数字技术搭建决策自动化系统，对管理会计数据信息进行分析，支持企业各个部门的管理决策。不过，尽管决策自动化具有许多优势，但过度依赖自动化系统可能导致决策过程中的人为判断和创造力丧失。因此，决策自动化只是企业决策的高级辅助，最终的方案还需要企业管理者决定。

2. 从业务流程向应用场景转变

费用报销、采购付款、订单收款、固定资产、存货到成本、总账到报表、资金、税务、档案管理是会计工作的九大业务流程，当会计信息化将这些业务的效率都提高之后，下一步需要解决的问题就是根据不同应用场景给出决策支持信息，这属于管理会计的工作范畴。

通常来说，财务部门至少要出具五套报表，包括会计报表、资金报表、税务报表、绩效考核报表和经营分析报告，分别对应五种决策方案和五套规则。另外，管理会计人员还需要按相关管理部门要求给出个性化报表。这些报表之间的数据统计口径常常不一致。若企业在内部做出相应决策时，财务部门也应基于这些应用场景提供相关数据。缺少管理会计的财务部门是不会给出这些信息的，业务部门只能凭经验做出决策。

因此，技财融合的一个表征就是从业务流程向应用场景转变。让会计工作摆脱过去按照既定业务流程完成工作的"照本宣科"状态，转向立足应用场景的管理会计工作。为此，企业需要充分理解企业的战略目标、市场定位和竞争优势，以确保管理会计信息与企业战略保持一致，为实现战略目标提供有效的支持。还需要整合数据源，梳理企业内部和外部的数据源，通过数据整合和清洗，确保管理会计信息的准确性，使同一应用场景内的数据口径保持一致。

3. 从数据共享向数据驱动转变

世界正在从 IT 向数据技术（Data Technology，DT）过渡。这一转变反映了技术进步和社会发展的新趋势。在这一趋势的影响下，技财融合促使企业管理会计从数据共享向数据驱动转变。

IT 主要关注的是信息的处理、存储和传输。过去几十年中，信息技术得到了迅速发展，计算机和互联网技术已经深入各个行业和领域，极大地改变了人类的生产、生活和学习方式。IT 所主导的技财融合以管理会计信息化为核心，使用计算机和网络技术实现管理会计信息的自动化处理，提高工作效率。

DT 则强调通过对大量数据的分析和挖掘，发现潜在的价值和规律，从而为企业和组织提供决策支持。随着大数据、云计算、人工智能等技术的发展，数据已经成为新的生产要素，对社会经济发展产生重要影响。DT 的核心在于利用数据驱动创新和决策，实现对市场和客户需求的深入理解。

从 IT 向 DT 过渡的背后，是技术进步引发的数据量的爆炸式增长、用户需求变化、市场竞争加剧等一系列因素的推动。大数据、云计算、人工智能等先进数字技术的发展，使得处理和分析大规模数据变得更加容易、高效和低成本。加之互联网、物联网和移动设备的普及，全球每天产生的数据量呈指数级增长。这些数据中蕴含着丰富的价值，等待企业和组织挖掘。

在此背景下，用户对个性化和实时性的需求不断增强，要求企业提供更加贴合个人需求的产品和服务。通过数据技术，企业可以更好地满足这些需求，提高用户满意度。因而在全球化、信息化的市场环境中，企业和组织面临着激烈的竞争。数据的深入挖掘和分析，可以帮助企业获取竞争优势，实现精细化管理和个性化服务。

IT 的理念是数据共享并打通数据间隔离；DT 则以数据驱动为思维方式。从 IT 向 DT 过渡是一种技术进步和市场需求共同驱动的现象。企业和组织需要不断适应这一变革，实现从数据共享到数据分析，再到数据优化，最终到数据驱动的转变。数据共享就是改变过去的财务会计工作状态，把依靠工具自动化得出的会计信息分享给企业其他部门，而后续向数据驱动转变的过程是深入挖掘数据价值的过程，让管理会计信息不再是流于表面的制式信息，而是能切实引导决策的数据价值。显然，企业会计转型的道路还很漫长。

4. 从信息录入向无感采集转变

以往会计信息系统的理念就是"一点录入、全程共享"，但是由于手工录入工作量巨大，效率低下。

技财融合下，企业会计人员可以利用人工智能技术来进行实时化的无感数据采集。企业通过对软硬件资源的统筹分配，充分发挥高可靠性、高通用性和高可扩展性的数据能力，支撑业务活动中生成数据的"发生则采集"功能。

不同企业实现数据无感采集的困难程度和进展程度是有差别的。数字原生企业可以实现业务全流程数据的自动留痕，助力财务数据的无感采集。非数字原生企业还无法达到这一水平，数据无感采集仅为"点状"形态，有必要对企业数据进行全面集成，循序渐进地实现对企业全量级业财数据的无感采集。

要做到这一点，首先要做到数据的全量感知，就是敏锐地察觉具体的数据，并将这些数据真实、准确、及时地反映到数字世界里。全量感知为数据深度感知奠定了基础，数字经济时代的"全量感知"并不专指企业对人、物、业务等复杂情境的全面覆盖和感知，而是更加注重有针对性地围绕数据深入分析目标，具有智慧化特征。企业数据采集平台应能迅速对有潜在价值的数据进行响应，合理分配资源并提高利用率。

技财融合下，管理会计数据从信息录入到无感采集转变，最终会形成数据的实时汇聚。云计算、物联网、5G 技术、边缘计算等技术的成熟运用，促进了数据高频传输和信息高速互联，意味着在数据采集时，还应该具备更高的响应速度，这也正是管理会计数据采集平台设计的方向之一，多种新兴技术的持续突破和融合应用均能帮助企业构建财务数据采集的实时汇聚能力。

二、技财融合推动管理会计数字化

上一章已经详细阐述了代表性的六种数字技术对企业会计从财务会计向管理会计转型的驱动作用，这种转型伴随着企业会计的全面数字化。技财融合就是将这些数字技术综合应用到管理会计领域，驱动管理会计数字化，大大提高数据处理和分析的效率和准确性，从而为企业的决策和管理提供更多的支持和帮助。

因此，技财融合可以理解为对管理会计全流程的数字化重塑，使其更加高效、准确和智能。

（一）管理会计数据采集数字化

技财融合下，大数据、云计算、人工智能、物联网、区块链、5G 技术等先进技术的发展对管理会计数据采集产生了积极影响。这些数字技术的综合应用可以自动收集各种管理会计数据，减少人工输入的时间和错误，提高数据采集的效率、准确性和安全性，从而促进管理会计的数字化发展。

大数据技术可以帮助管理会计从海量数据中提取有价值的信息，为企业决策提供支持。

云计算技术使企业可以实现数据的实时共享和处理。通过云计算，管理会计能够及时获取企业的财务数据，为管理层提供决策支持。

人工智能可以帮助管理会计自动化数据采集，通过应用机器学习算法，管理会计可以更高效地采集有针对性的管理会计数据，提高数据的可用性。

物联网技术可以实现实时监控企业内部的生产、销售和库存情况，为管理会计提供实时数据。

区块链技术可以提高管理会计数据的安全性和透明度，管理会计可以实现对管理会计数据的实时追踪和审计，降低数据篡改和欺诈的风险。

5G 技术的高速度、低延迟和大连接数特性可以实现更快速、更准确的数据采集，提高数据采集的效率。

总之，在数字技术的相互配合下，管理会计数据采集成为一项更加便捷、高效的工作，准确性也得到了提高，让管理会计人员有时间与精力更多地投入数据分析等高价值的工作当中。

（二）管理会计数据加工处理数字化

在数据采集之后，管理会计人员就需要对数据进行加工处理。

第一步是数据整理，对采集到的数据进行清洗、分类和归档，以便于进一步分析。这包括消除错误和重复数据、填补缺失值、转换数据格式等。

第二步是数据分析，运用统计学、财务分析和其他分析方法对整理后的数据进行深入研究，以发现潜在趋势、问题和机会。这包括对比分析、趋势分析、成本—效益分析、预测分析等。

第三步是数据可视化，即将分析结果以图表、报表等形式呈现，以便于决策者更直观地理解数据和洞察。数据可视化包括制作柱状图、折线图、饼图、仪表板等。

第四步是数据解释，基于分析结果和可视化，对数据进行解释和评价，找出关键信息和洞察，为企业决策提供支持。

第五步是决策建议，基于数据解释和评价，为企业内部决策者提供战略和操作层面的建议，帮助他们做出更明智的决策。

数字技术的综合应用对管理会计数据加工处理的工作流程的每个步骤都有积极的推动作用。例如，大数据技术可以处理和分析海量数据，挖掘不同数据间的关联性，为企业提供更全面的决策依据；云计算提供了强大的数据存储和处理能力，使管理会计可以实时获取和分析财务数据，通过构建集中式的数据分析平台提高分析效率并降低 IT 成本；人工智能技术，特别是机器学习，可以帮助管理会计自动分析数据并预测未来趋势，这种自主学习和适应的能力使得数据分析更加智能化和精确化。

总之，在数字化时代，运用先进的技术和工具可以进一步提高管理会计数据加工处理的效率和准确性。

（三）管理会计数据应用数字化

管理会计数字化的最终目标是让管理会计参与企业管理，让数据共享转变为数据驱动，发挥出管理会计数据信息的深层次价值。因而，管理会计的数据应用就成为管理会计工作流程的最终一步，也是让管理会计真正参与进企业管理的环节。数据应用是将经过加工处理后的管理会计信息转化为实际的业务决策和运营改进。

首先，管理会计数据信息可应用在制定企业战略和目标方面，基于管理会计数据信息，企业可以更有针对性地进行市场调查和分析，了解客户需求、竞争对手状况以及行业趋势。这有助于企业确定自身的竞争优势和市场定位，为战略规划提供有力支持。

同时，管理会计数据信息可以帮助企业设定更合理的销售目标、盈利预期和成长计划。这些基于数据的目标和预期能更好地反映市场和企业的实际情况，降低执行过程中的风险。管理会计数据驱动的战略规划能更准确地反映市场趋势、竞争态势和客户需求，从而提高企业的竞争力。

其次，管理会计数据信息可应用在改进运营管理方面。数据驱动下，企业可以深入挖掘潜在的运营优化机会，提高效率、降低成本并增强竞争力。

具体的应用场景包括预算管理、成本控制、供应链优化、产品定价、客户关系管理等方面。在预算管理场景，利用管理会计数据信息，企业可以更准确地制定预算计划，监控预算执行情况，并对偏离预算的情况及时进行调整和纠正；在成本控制场景，通过对成本数据的深入分析，企业可以识别出成本过高的环节，包括直接成本、间接成本以及固定和可变成本等各个方面，从而采取针对性的措施降低成本；在供应链优化场景中，通过分析供应链相关数据，企业可以发现供应链中的瓶颈和不足之处，进一步优化采购策略、库存管理和物流配送等环节，提高供应链整体效率；在产品定价场景中，通过研究成本、市场需求、竞争对手等多方面的数据，企业可以制定更合理的产品定价策略，从而在市场竞争中占得先机；在客户关系场景中，通过对客户数据的分析，企业可以更好地了解客户需求和喜好，制定有针对性的营销策略，提高客户满意度。

技财融合将使管理会计数据成为企业运营管理决策的开始，实现持续的运营优化和企业价值的提升。

最后，管理会计数据信息在提升企业内部沟通协作方面同样具有重要价值。通过合理运用数据信息，企业可以有效地促进部门间的信息共享、提高工作效率和协同创新能力。从企业整体角度来说，借助原有的财务共享平台具备的数据共享和信息流通机制，管理会计数据驱动模式可以更好地开展数据的流动展示，各部门之间能够相互了解工作进展和业绩，潜在的合作机会，促进跨部门的沟通和协作，从而发挥协同效应。

例如，在分析客户交易数据时，财务部门、销售部门和产品部门可以共同研究客户需求，制定更合适的产品策略。从企业各部门内部角度来说，通过对管理会计数据的应用，企业可以明确各部门的业绩目标和责任，确保各部门的工作目标与企业总体战略保持一致。这有助于提高内部协作效率和凝聚力。从员工个人角度来说，对各部门业绩数据加以应用可以帮助企业建立起公平、公开的评价体系和合理的激励机制，激发内部良性竞争，提升员工的工作积极性和创新能力，推动各部门不断提高工作效率和协作水平。如此，企业整体、部门、员工个人三个层面的协作能力都能得到显著增强，最终实现企业的战略目标。

第二节 企业数据中台建设

一、财务数据中台建设的必要性

财务数据中台是一个集成的、统一的财务管理系统，它将分散在不同部门或业务线的财务功能整合到一个共享的服务平台。财务数据中台可以为企业提供高效、规范、标准化的财务处理和管理服务。其主要目的是优化企业的财务管理流程，降低运营成本，提高财务管理效率和质量，从而为企业的战略发展提供有力的支持。

财务数据中台的主要功能包括财务处理、财务报告、内部控制与合规、成本管理与控制、预算管理、税务筹划与管理、资金管理等，其通过提供统一的服务平台，实现财务业务的集中化、标准化和自动化，从而降低企业运营成本，提高财务管理效率，帮助企业应对市场变化和提高竞争力。

财务数据中台强调的资源整合和能力复用同技财融合理念一致，是推进企业管理会计数字化转型的重要抓手。目前，很多企业正在基于已构建的财务共享服务启动中台架构的改革进程，旨在把企业财务部门打造成一个真正的数据交汇中心。

（一）平衡外部市场变化和内部体系求稳之间的关系

在数字化时代下，市场发生了日新月异的变化，企业要想保持竞争力，就必须对未来的市场变化做出敏捷的反应和灵活的经营。对于一个组织规模较大、层级繁杂，承担着数量众多、种类繁多业务的企业来说，确保其内部体系能够得到稳定运行是开展其他工作的大前提。连稳定经营都不存在的企业自然也就缺少了持续经营的会计假设前提，保持市场竞争力也就无从谈起。因此，市场的无序变化与企业追求内部支撑结构稳定有序之间存在着不可避免的矛盾，财务数据中台建设恰好能平衡双方关系。

财务数据中台建设作为一个集成的、统一的财务管理系统，能够帮助企业在数字化时代应对市场变化，提升竞争能力，同时保持内部运营的稳定。

首先，财务数据中台可以将各部门的管理会计信息汇集到一个统一的平台上，使企业能够更好地整合资源，提高资金利用率，降低成本。这样，企业在应对市场变化时能够更加迅速、灵活地调整资源配置，以适应不断变化的市场环境。

其次，应用多种数字技术集成建设的财务数据中台几乎具备所有数字技术的响应功能，如实时监控、数据分析与预测等，可对大量管理会计数据进行深度分析，为企业提供有价值的市场趋势预测，帮助企业应对市场变化。这将进一步提高企业的反应速度和执行力，增强企业的市场竞争力。

最后，财务数据中台可以帮助企业建立完善的内部控制体系，确保企业在追求市场竞争力的过程中，不会忽视内部管理和合规问题，从而实现内部支撑结构的稳定。

（二）平衡弹性前台和稳定后台之间的关系

在企业中，前台就是指企业前方市场管理平台，是企业的终端用户直接使用或交互的系统；后台则是指企业内部所支持的管理平台，以及企业管理核心能力与资源等体系。前台要不断创新，注重快速迭代。但后台修改费用高、风险大，应该越稳越好。因而弹性的前台与稳定的后台之间就容易出现匹配的不平衡。

财务数据中台的建设恰好能起到承前启后的过渡作用，平衡弹性前台和稳定后台之间的关系，具体表现在信息和资源的整合上。

一方面，财务数据中台能够整合前台和后台的财务信息，利用财务功能的模块化、标准化和自动化，使企业在保持后台稳定性的同时，具备一定的灵活性。这有助于企业在迅速应对市场变化的同时，保持内部管理体系的稳定运行，使前台在迅速响应市场变化时，能够实时获取后台的财务数据支持；还有助于企业做出更快速、更精准的决策，降低因信息不对称造成的风险。

另一方面，财务数据中台通过整合前后台资源，可以促进企业内部各部门间的业务协同。这样，前台在面对市场挑战时，能够更好地利用后台的资源和能力，提高企业整体的竞争力。

（三）化解"信息孤岛"导致的重复建设和协同阻碍难题

在早期业务发展过程中，企业为了解决一些当下的业务问题，按照垂直的、个性化的业务逻辑部署 IT 系统，各种信息系统大多是独立采购与建设的，与流程、底层系统耦合较深，横向和上下游系统之间的交叉关联也较多，导致企业内部形成多个"信息孤岛"，很难做到信息的完全互联互通。在新平台、新业务、新市场的拓展过程中，系统无法直接复用和快速迭代，产生的数据也无法与传统模式下积累的数据互通，这又进一步加剧了"信息孤岛"的问题。分散的数据无法很好地应对前端业务变化，难以支撑企业的经营决策，造成了企业核心能力的分散化，跨部门协作障碍严重，执行效率与灵活度下降。

为解决上述问题，企业需要进行组织架构调整和数字化转型，将新老模式融合起来，整合分散在各个孤岛的数据，形成数据服务能力。数据中台的产生就是为了解决传统 IT 时代数据的割裂问题，体现数据的价值。① 因此，财务数据中台建设是一条切实可行的路径，可以化解"信息孤岛"导致的重复建设和协同阻碍难题。

---

① 张庆龙. 数据中台：让财务数据用起来 [J]. 财务与会计，2022（9）：15-19.

财务数据中台对各部门间数据的整合可以打破"信息孤岛"，提高数据共享与协同工作的效率，强化团队间的沟通与合作，帮助企业在拓展新业务线或开辟新区域市场时，避免重复建设和资源浪费。

例如，在一家集团企业中，各个地区的子公司可能有不同的财务管理系统和数据存储方式，导致信息共享困难。财务数据中台可在统一数据平台、标准化流程方面发挥作用，通过将各个子公司的财务数据整合到一个系统中，减少数据冗余，提高数据的准确性和一致性，推动各部门实施统一的财务管理流程和标准，简化工作流程，降低人为错误的可能性，提高整体工作效率。实现资源的优化配置与不同子公司之间或母公司与子公司之间的数据顺畅流通。集团总公司可以更加清晰地了解各子公司的资源需求和使用情况，从而优化资源配置，避免资源浪费。各个子公司也可以借鉴彼此的成功经验，避免在拓展新业务线或开辟新区域市场时重复犯错，提高整体竞争力。

二、财务数据中台建设目标

（一）夯实管理会计数据治理基础

数字技术驱动下，数据成为关键生产要素，企业纷纷开始重视数据治理能力的发展。然而当前企业数据服务能力不足，企业数据治理水平较低，具体表现为三个层次：一是元数据的来源去向和职责界定不清晰，数据属性和计算逻辑不明确；二是主数据的名称、维度、分类结构等定义上不统一，且维护不够规范或者不够及时；三是交易数据的一致性、正确性、时效性和完整性没有达到业务或者管理的使用标准。由此造成了管理会计数据价值挖掘的困难，数字化应用执行难度大、废弃率高且成效低，甚至出现了对于数字化转型战略推进失去信心的情况。

为此，通过建立财务数据中台来整合全域数据，打通企业内外信息流通渠道，沉淀企业数据资产，实现精细化数据运营与数据管控，提升企业数据治理能力是切实可行的途径。

财务数据中台建设旨在通过元数据管理、数据质量管理、数据安全管理、数据资产管理等模块建设夯实管理会计数据治理基础。

元数据管理的关键是对技术元数据与业务元数据进行梳理，构建企业级元数据仓库，辅助企业对数据资产进行有效管理，并以全景视图对其进行透视，采用全链路影响分析与血缘分析相结合的方法对上下游数据的关联进行控制，并提供有效的元数据检索、显示与分析功能。

数据质量管理是通过提供数据质量指标定义、数据质量任务管理、数据质量稽查、数据质量问题分析等方式，从数据完整性、一致性、唯一性等维度对数据质量进行评价，构造面向全局的数据资源，在线分配检核规则，按周期执行质量检核任务，用常态化工作流程持续改进财务数据中台数据质量。

数据安全管理有用户权限、数据权限、加密脱敏三种机制。保证数据存储、传输和使用的安全性，以免由于数据资产的不合理利用或外泄而对企业造成经济损失。

数据资产管理主要提供数据资产目录、数字资产服务、数据资产使用监控和查询等功能，实现数据的可见、可懂、可用、可运营。可见是将数据资产进行综合盘点后形成数据资产地图。根据数据生产者、管理者和使用者的不同角色，以数据资产目录形式对数据资产进行共享，使用者能够迅速准确地找到他们所关注的数据资产。可懂是通过元数据管理来改进数据资产描述，把数据加工整理为人们能够理解且没有歧义的数据资产。可用是通过统一数据标准、提高数据质量与数据安全性来减少因数据无法使用或不可信而产生的沟通成本与管理成本。可运营是通过构建一套与数据驱动相一致的组织管理制度流程及价值评估体系，完善数据资产建设流程，促进数据资产管理水平的提高，增加数据资产价值。

总之，财务数据中台的构建过程中要强化数据治理，从数据标准、数据质量、元数据和数据安全等方面，不断运用数据管理的手段和方法，夯实管理会计数据治理基础，增强财务数据中台服务能力，实现企业财务数据的价值。

（二）构建标准化数据治理平台

当前，数字化转型已成为企业、行业，乃至各大产业的主旋律。企业内部和上下游之间的合作越来越依赖各类数据平台和数字化工具，但又形成新的痛点和症结。一方面是缺少统一的业务系统集成途径，数据格式和协议多样化，导致数据难以传输和集成；另一方面是缺少与上下游企业分享数据和应用程序接口（Application Program Interface, API）服务的便捷途径。此外，企业系统运行在多云环境中，私有端大量业务系统与云端系统形成错综复杂的关系，最终无法快速响应业务需求，阻碍业务创新。企业需要打造一个统一的数据功能集成平台，形成统一的数据资产，提供统一的数据服务，简化开发，敏捷集成，实现业务系统协同和业务需求敏捷响应，真正实现"让数据资产发挥价值"。

实现不同系统的数据标准化是一个复杂的过程，需要综合考虑数据来源、数据格式、数据质量等多个方面，实行标准化管理，其关键是对数据标准范围进行梳理和对数据标准项的界定。数据标准管理是指结合制度建设、管理手段等来解决标准定义不同步、计算口径不同步等问题，制定与颁布统一的数据标准。这套标准的制定应考虑不同平台和业务场景的需求，具有广泛的适用性，重点解决由于数据来源不同步而导致的数据可信度不高的问题。

财务数据中台以打通各领域数据为核心，涵盖财务数据、业务数据、企业内数据、企业外数据、结构化数据、非结构化数据，旨在构成一个将数据转化为洞见、决策的统一数据平台。采用抽取、转换、装载（Extract Transformation Load, ETL）等数据采集、转换、清洗技术，融合汇聚企业各部门、各业务应用的多源异构系统数据，对数据进行加工、治理、标准化，并通过接口服务、库表共享、信息资源查询等多种数据共享技术手段，促进企业内部各部门、各系统之间的数据衔接顺畅、互通共享，进而为企业可视化分析、分析决策、数据应用等提供高质量、标准化、专题化的数据支撑，便于企业可视化分析、分析决策、数据应用的深度统计、分析、预警、决策。

（三）持续创造数据价值

当前，在企业业务多元化、复杂化的形势下，数字技术与业务场景的融合不断深化，企业不再满足于简单的数据统计与分析，而是需要提升数据的可用性，进行数据服务的个性化应用。多数企业对财务的认知已经从"数据共享"过渡到"数据驱动"，认识到数据是企业的新型资产。数据收集、存储和处理成本的大幅下降和计算能力的大幅提高，为数据资产化应用提供了经济环境基础。

事实上，多数企业已经拥有了较好的数据基础，然而在现实情况中，并不是所有的企业都能获得显著的收益，其主要原因之一在于没有形成数据全生命周期的闭环，所以价值化数据的比例低，无法作为关键生产要素为企业注入新动能。如今，数据资产化程度低、数据服务提供效率与业务诉求不匹配等"让数据用起来"的问题成为摆在企业面前的新型数字化转型难题，财务数据中台通过解决这一难题使财务数据的价值呈几何倍增长起来，为企业发展赋能。

具体而言，财务数据中台致力于解决原有数据关系，打通"数据孤岛"，通过完善数据标准体系、强化数据质量管控、统一管理元数据等方式加强数据治理，提升数据可用性，促进数据资产化。与此同时，财务数据中台的设计定位是基于企业的顶层战略，目的是集中体现企业的顶层框架和业务逻辑。在对企业全域数据资产进行开发和应用的过程中，实现统一可比可算，让数据具备敏捷服务能力，满足企业各层级对数据的快速调用，让数据价值最大化赋能业务决策。这既是财务数据中台所要达成的最终目标，也是财务数据中台建设的核心价值。

三、财务数据中台建设步骤

一个企业拥有财务数据中台，即拥有了企业所有的数据，为整个集团以及子公司的各个业务和财务做数据服务，最终为企业提效降本，让数据准确，让业务自动化，让人才做对的事情，让企业更有生命力。建设财务数据中台一般包括以下五个步骤，如图4-2所示。

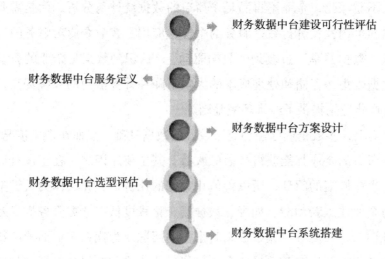

图 4-2　财务数据中台建设步骤

（一）财务数据中台建设可行性评估

在实践中，并非所有企业都需要或适合部署财务数据中台。是否进行财务数据中台建设，与企业所处行业、发展阶段以及自身的数据成熟度和数字化程度等因素相关。

对于初创公司以及一些业务较为单一的企业，现阶段并不存在数据互联互通的问题，不适合也并非必须搭建中台。因为财务数据中台建设周期较长，需要投入较高的资金和人力成本，短期内反而不利于这一类企业的快速发展。

只有当企业满足以下两个以上条件时才适合进行财务数据中台的部署：条件一是业务场景具备不确定性，迭代速度快，所处市场环境变化快，需要具备快速试错和敏捷反应的能力；条件二是生态和流程系统复杂，有多条产品线或横跨多种业态，各业务单元间存在功能模块低水平重复建设的问题；条件三是由于事业部等部门的组织架构，导致数据和信息系统存在互联互通问题，需要打通壁垒进行统一管理；条件四是营收具有一定规模，信息化建设达到一定水平，但信息技术仍对企业发展存在制约，需要进行整体的技术升级、业务重构；条件五是对外需要多业态扩张，多消费渠道触达，希望协调整个产业链上下游合作伙伴之间的资源。

因此，企业建设财务数据中台首先要进行评估，结合企业战略、经营目标和财务管理需求，从系统改造难易度、投入成本、建设效果、技术先进性、服务响应能力、业务支持灵活度等维度建立成熟度评估模型，对每一个因素进行量化评分，对企业财务数据中台建设的可行性进行综合评估，明确企业财务数据中台建设的意义和价值。

（二）财务数据中台服务定义

不同行业、不同发展阶段的企业建设财务数据中台的出发点和具体需求是不同的。这是因为不同的企业可能具有不同的业务模式、组织结构、市场定位和战略目标等，需要依靠财务数据中台解决的痛点与问题也不同。

例如，在泛零售行业，早期企业为了解全域运营数据、进行场景细分和精细化运营、紧随消费需求和消费链路的变化趋势，内部搭建了各类业务系统，基本满足日常统计分析。但是，割裂的业务系统也形成了大量碎片化的数据，无法做到跨域、跨渠道的统一查询和分析。此外，数据口径不一致使得数据使用者对数据解读无法形成统一理解，数据体系不完善导致无法对多维数据进行闭环分析，数据指导和辅助运营的能力不能充分发挥。

数据中台打通了泛零售企业内部各系统数据，标准化数据模型和研发标准，实现从数据采集、汇聚、清洗、调度到数据质量管理的全流程工具化和平台化，帮助零售企业打通采购系统、业务系统、运营系统和销售系统的数据，进行数字化的供应链管理；运用数字媒介开展业务和触点布局，跨业务域、跨渠道、跨产品、跨区域综合分析，精细化运营；通过埋点、实时数据，线上线下异构数据采集，全量及全维度地捕获用户行为，提供决策支撑，优化用户体验。

因此，在进行财务数据中台建设时，企业需要根据自身的特点和需求对财务数据中台服务进行定义。定义财务数据中台的服务主题和内容，界定财务数据中台业务能力，包括服务主题、服务范围、服务分类、服务标准、服务对象等。在明确财务数据中台服务主题后，再依据服务内容对现有的前后台进行解耦，以便清晰界定前台、中台以及后台的边界范围，包括业务边界、数据边界、流程边界、系统边界、组织边界、权限边界等。

（三）财务数据中台方案设计

财务数据中台方案设计包括业务方案设计、数据方案设计以及系统方案设计三方面内容。

1. 业务方案设计

基于财务数据中台的服务主题和内容，进行整体业务方案设计，包括业务调研、业务流程设计、业务场景设计、业务建模设计、指标体系设计、组织体系设计、服务切分等，该阶段核心任务是从业务层面设计中台服务解决方案。

以围绕营销业务服务的财务数据中台建设为例，明略科技围绕营销、销售和服务等场景，下设秒针系统、明智中台和明智工作三大数据智能产品线。数据中台是以消费者服务体验为中心的企业用户数据管理平台，帮助企业实现数据整合、数据治理、数据建模和数据服务化，为企业提供基于消费者消费周期的数据管理及分析，结合商务场景和需求的落地应用，提升企业整体运营及营销效率。明略科技深耕营销场景数字化领域，在零售、快销、汽车、金融和科技等行业积累了丰富的大型企业服务经验，形成智慧营销中台解决方案，实现营销全流程的自动化个性交互，激活私域数据价值，多渠道精准触达，增强营销体验连续性，赋能客户全生命周期运营。同时依托完整的产品矩阵，提供一站式平台服务，在高质量流量识别、冷热线索运营、私域客户深度运营等多个业务场景为企业用户提供了快速、敏捷、安全的数字化解决方案，让数据科学家能够敏捷建模，让营销人员能够利用可视化工具洞察用户行为，提升营销投资回报率。

2. 数据方案设计

基于财务数据中台业务方案进行业务数据方案规划，方案内容包括：数据来源、数据标准、数据建模、数据口径、数据清理、数据储存、数据处理、数据展示等，该阶段核心任务是基于业务流程厘清数据流转方式，按照业务要求对数据进行清理，建立财务数据中台数据标准。

例如，神州信息基于大数据、人工智能、区块链等数字技术融合应用，在数据开发和治理领域，神州信息打造的基于数据编织的一体化数据开发平台"六合上甲"，融入DataOps（数据开发即治理）理念，缩短数据开发周期，实现数据模型的智能生成和挖掘模型与模型算子的高度集成，显著提升数据开发效率。该平台提供对数据采集、开发、治理、分享、可视化等复杂组合场景的应用能力和全生命周期研发能力，持续不断沉淀数据价值，形成了一套高效可靠的数据资产体系。

3. 系统方案设计

基于财务数据中台业务方案以及数据方案的IT方案设计，方案内容包括：财务数据中台功能架构设计，功能组件设计、技术架构设计、系统部署模式设计、系统集成方案设计等；该阶段核心是为满足业务方案以及数据方案，对财务数据中台提出功能需求、技术需求以及部署需求。

这一环节，数字技术将融合应用于财务数据中台之上，达到数值融合的状态。所谓数智融合，即构筑数据治理和AI开发的统一底座，让数据和人工智能相互作用。

一方面，通过对元数据统一管理，解决传统数据分析与 AI 模型之间的"数据搬家"问题，打通数据分析与 AI 模型引擎，实现基于一份数据多模分析，提升数据驱动决策的准确性和可信性，让数据工程师灵活进行模型和特征训练，实现数据与 AI 开发高效无缝互通。

另一方面，将人工智能算法模型的能力植入数据治理中，通过机器学习自动发现数据管理的规则，在数据模型管理、元数据管理、主数据管理、数据安全等多场景中广泛应用。因此，人工智能对于提升数据治理的智能化水平具有关键作用，也是降低数据治理门槛的重要突破方向。

（四）财务数据中台选型评估

企业可以选择财务数据中台功能特性、技术实现难度、系统后续运维、知识产权、投入产出比等维度作为财务数据中台选型评估模型，进行综合打分评估，最终确定财务数据中台建设的模式是自建、外购还是选择内外部资源联合开发。

1. 自建

自建模式指的是企业依靠自身的技术团队和资源，独立完成财务数据中台的设计、开发、实施和运维。这种模式使得企业能够充分掌握技术自主权和知识产权，企业后续可以根据自身需求和发展战略来调整和优化财务数据中台，进行定制化开发，以满足企业特定场景下的需求。最重要的是，自建模式下企业可以更好地保护财务数据中台的数据安全和隐私，降低数据泄露和滥用的风险。

自主开发建设是大型企业最常用的搭建财务数据中台的方法，对技术人员的要求会比较高，要求企业具备一定的技术实力和开发团队，企业需要不断进行技术研发和人才培养，以保持财务数据中台的技术优势。同时，资金投入也相对较高，需要一定的人力与经济基础去支撑"自主开发"这种模式。此外，在自建模式下，企业需要承担财务数据中台建设过程中的全部风险，包括项目延期、预算超支、技术难题等。

总之，企业在选择自建模式时，需要权衡投入成本、技术挑战和风险承担等因素，确保自建模式能够带来更大的价值和竞争优势。

2. 外购

外购现有的数据中台系统，企业无需关心专业技术问题，购买后可直接安装使用，价格方面也比较实惠。不过外购要考虑底座技术选型，因为企业客户一般需要"端到端"的产品或服务。

供应商提供端到端服务一般有五种路径。

一是公有云厂商提供从 IaaS 到 SaaS 的全套的云、数、智服务，一般云资源为自家提供，而数和智既可以选择云厂商自有组件，也可以选择开源组件；二是部分厂商，如 Cloudera 公司对不同的大数据组件进行组合，形成 CDH 和 CDP 套件；三是解决方案厂商，基于客户需求和自身理解，利用开源技术，进行自由组合和二次开发；四是独立中台厂商，基于开源 + 自研的方式，打造全链条产品和服务；五是一些新型混合事务和分析处理（Hybrid Transaction & Analytical Processing，HTAP）厂商，通过对流数据的进一步融合，以更轻巧的方式满足中小企业的中台需求。

企业要综合考虑外购中台的先进性和适应性，在选择技术组件时一般遵循以下原则：一是确有明显优势及取代趋势时，选择有优势的；二是不同技术各有利弊时，根据自身业务、历史架构、供应商擅长综合选择；三是供应商有深度自研的，除体验外，还应考虑后期服务的持续性以及自身 IT 人才的供给。

3. 内外部资源联合开发

内外部资源联合开发是指企业在财务数据中台建设过程中，同时利用企业内部资源和外部资源进行项目开发。内部资源熟悉企业的业务需求和现有技术架构，而外部资源通常具有丰富的行业经验和技术实力。通过合作，企业可以充分利用双方的优势，实现技术和业务的互补，提升财务数据中台的功能和性能。既能在一定程度上减少自建成本，降低企业在人力、物力等方面的投入，通过合同约定，企业可以将部分成本转移给外部资源，又能保证财务数据中台建设更加符合企业的个性化需求，提高项目的开发效率和质量。

在实施内外部资源联合开发模式时，企业应选择具有良好信誉、丰富经验和技术实力的外部合作伙伴，以确保项目的顺利推进，同时在合同中明确双方的权责，确保内外部资源在项目开发过程中的责任和义务清晰。保持内外部资源之间的良好沟通，确保项目需求和目标的顺利传达，避免因沟通不畅而导致的项目延误和风险。另外，企业还要在合作过程中注意保护知识产权，避免在项目开发过程中出现知识产权纠纷。

四、财务数据中台建设实践

（一）案例背景

中国建筑集团有限公司（以下简称"中建集团"），是我国市场化运作最早、一体化程度最高、全球规模最大的投资建设集团之一。为了应对数字经济与建筑业融合发展的实际需求，中建集团利用数字化技术，以"中台"策略为基础，构建了一个具有高效连接、敏捷响应、动态优化和智能决策功能的数字化能力体系，打造出安全、稳定、高效、精确和可扩展的财务数字化平台，深入推动财务数字化转型。

具体的转型理念包括以下五个方面：一是以业务为驱动，以"中台"理念为指导，搭建业财连接的枢纽桥梁，统一数据结构和标准、数据整合和服务接口；二是依托财务一体化平台，将财务标准化与信息化相结合，实现业务线上闭环管理，解决建筑行业项目众多、信息失真迟缓、人工密集低效、共享渠道不畅等管理难题；三是通过智慧合约管理，实现"项目＋合同＋经济事项"的精细化管理，支持差异化管理的敏捷响应；四是以全域资金管理为核心，实现数字化推动资源精确配置；五是基于数据集成管理，实现业财深度融合，提升业财数据标准化、精细化的高质量发展。

（二）中建集团基于"中台"理念的数字化转型管理框架

1. 基于"中台"理念，从战略层、基础层、执行层规划转型策略

在战略层，基于公司发展战略打造企业级财务数字化平台；在基础层，建设符合中台模式的信息系统，规划与现有系统的整体布局，识别新技术应用机会；设计以职能为导向的中台组织架构、人员能力需求，夯实组织和人才基础；在执行层，聚焦公司业务核心载体数字化、沉淀业务共性需求，推动前台业务敏捷运营；以全口径现金流全周期管理为重点，实现资源的精准预测和配置，在线管控风险；汇聚公司业财数据资源，通过数据业务化、服务化支撑公司智能决策。

2. 以智慧合约管理为抓手，应用中台微服务理念与技术推进业务多维融合

中建集团应用中台微服务理念与技术，通过合约还原业务逻辑，回归业务本源管理，以项目合同为起点，解决合同源头信息失真与不及时、业务执行跟踪不便、履约信息传递滞后、合同对业务约束力弱等管理痛点；按照"项目＋合同＋经济事项"精细化数据维度，借助合约的全周期管理，推动实现逻辑一致的业务全过程管控；通过统一业务流程和数据标准，建立企业级的业务和财务数据图谱，将其汇聚到统一的数据平台，满足信息灵活调用、敏捷响应需求，实现对差异化管理主题的支持。

3. 以全域资金管理为核心，通过数据驱动资源全流程管理与精准配置

现金流是建筑企业可持续经营的生命线，也是资源配置的核心。中建集团财务数字化平台，在集团全域资金"可视、可控、可调配"的基础上，全级次、全口径精确预测和精准配置项目全周期现金流，并汇聚多维视角，动态监控企业、项目、合同的现金流量情况，及时发现风险和机遇，并采取有效行动。以项目、合同为索引，与资金计划、结算、控制、分析活动衔接融合，打造收支信息及时获取、资金结算实时管控的资金计划运行管控体系。通过中台应用，实现项目从预算、资金计划

到资金结算、资金监控与分析全流程闭环管理。

4. 以集成数据管理为依托，推动高质量数据资产获取与可视化

中建集团以业务为源头，通过对集团范围内全业态开展经济实质分析，定义全级次经济事项和财务、业务标准规范，并将全套标准嵌入系统进行固化，实现智能校验，保障数据体系底座的标准可靠。基于集团数据标准体系，建立起统一的数据资产目录，并通过对数据之间的关系进行预定义，形成数据资产"原材料"，通过集成统一的数据加工平台，形成数据资产"指标库"，进行数据资产标签化管理，便于后续灵活调用。通过打造可视化管理驾驶舱，提供直观的数据展示分析方案，并支持智能检索、灵活查询，赋能管理提升和价值创造。

（三）中建集团财务数据中台技术架构

1. 基于 IaaS、PaaS 和 SaaS 的三层云计算模型搭建数字化平台

在 IaaS 层，以高度自动化的交付模式为各业务系统提供硬件设备、操作系统、存储系统和其他软件，支持系统维护、数据备份和业务连续性等任务，提供对高度可扩展的 IT 资源的访问，提高硬件资源利用率，降低企业运维成本；在 PaaS 层，采用中台化架构设计和微服务理念，支持基于 API 调用快速开发构建个性化的应用管理场景，为企业提供应用研发过程管理，包括开发、测试、发布上线、运维、监控和治理等应用全生命周期管理能力；在 SaaS 层，开发财务数字化平台，各业务系统使用 SaaS 平台提供的标准接口，实现各种业务系统的敏捷开发和即插即用。

2. 以"中台"作为桥梁，有机连接"前台"和"后台"

"前台"系统直接面向一线业务用户，保持高度的灵活性和业务快速响应能力；"后台"面向包括财务在内的专业用户，满足管理需要，保证稳定和高效。通过中台有效衔接业务和财务，前后台的步调匹配，满足业务灵活性、经营稳定性、财务合规性及法律法规统一性要求。按照"业务驱动，信息化赋能"的总体思路，财务数字化平台统一设计、分系统建设，平台包含合同微服务、财务数据中台、资金、税务、全面预算、

核算、合并报表、主数据、综合信息管理和商业智能分析等系统。

（四）中建集团财务数据中台建设成效

1. 企业价值

（1）提高财务工作自动化程度。通过财务数字化平台实现业务互联互通和财务自动化，将传统核算工作量降至 5% 以下，使财务月报的自动化率达到 95% 以上。

（2）显著加速业务流程。实现全业务流程在线上闭环管理，突破层层传递审批的空间限制，打破流程的时间限制。

（3）有效支持线上内部协同。通过嵌入协同交易规则，实现集团内部总分包业务高度协同，包括业务事前单据协同、业务事中审批协同和业务事后自动对账协同。

（4）显著提高经济效益。通过银企直联、发票自动验真和认证、智能报销、"一键出表"、催收清欠等功能，持续为企业创造经济效益。

2. 社会价值

（1）发挥示范引领作用。中建集团将"中台"策略应用于财务数字化转型的信息化系统实践中，探索智能财务的有效性，对行业内建立数字化、一体化平台发挥示范作用。

（2）提升业财数据质量。从业务经营出发，对全业务流程进行系统性的标准化、规范化，实现全过程、全链条业财数据的可视化、精准化，显著提高数据质量，提升"信息披露"质量。

（3）促进节能减排。通过不断探索应用数字化新技术，建立电子档案管理系统，推动无纸化办公、电子化归档，实现数字化转型，以达到"节能减碳"目标。

（4）助力民营企业清欠。平台对项目合约中的供应商性质进行标记，通过系统差异化配置，识别到期应付民营企业账款，确保民企应付账款"零拖欠"。

（5）加强民工工资支付管理。实现工资发放清单式管理，减少中间审批环节的层层传递，确保工资发放直接到达农民工个人账户。

（五）案例启示

在实施财务数据中台建设的过程中，中建集团也遇到了许多挑战。未来可以从以下三个方面着手应对。

首先，创建先进的示范案例，引导数字化转型的发展。鼓励业内卓越的数字化企业率先尝试和实践，加大创新力度，总结有效经验，引领数字化转型的方向，营造良好的发展氛围和示范效应。

其次，整理公司业务标准，强化系统集成和协同。数字化发展依赖于信息系统作为支撑，各系统建设需明确业务和数据标准，确保数据标准化，为数据加工和利用打下基础。同时，为多样化的业务系统集成提供保障，积累数据资产。

最后，增强战略发展的坚定性，持续推动数字化建设。企业数字化转型需要持之以恒地努力，从战略层面规划数字化的整体发展，锚定发展目标，稳步推进各项工作。在建设过程中，探索数据的应用，在应用中完善系统建设。

第三节　企业会计数据自动化管理

一、企业会计数据报告自动化

过去，会计电算化的目标主要关注会计部门的需求，以实现会计凭证记账的自动化，而不是站在企业整体角度来解决报告自动化。然而，要解决会计数据报告的自动化，仅依靠财务部门是不够的，还需要从企业整体角度出发。

首先，会计数据报告涵盖的不仅仅是企业财务信息。企业的会计数据报告内容相当复杂，包括资产负债表、利润表、现金流量表等财务报表，以及相关附表、报表附注、对外会计报表披露信息，如年报、半年报、季报、快报等。还包括企业情况介绍、业务说明、会计政策说明、财务分析、情况说明等。这些报告不仅包含企业财务信息，还涉及企业经营的各个方面，要求越来越多，越来越详细。

其次，会计数据报告信息的来源并非仅依赖财务部门。由于会计数据报告内容日益细化，组织和提供这些材料已经远非仅依靠财务部门自身就能提供，各部门需要协同努力才能满足这些要求。业务部门需要协助财务部门进行业务分析和说明，帮助找到财务结果变动的原因以及预测未来业务发展趋势；针对财务分析中的问题，各部门需要进行决策、整改和实施。会计数据报告的生成需要各部门的配合和支持。

最后，会计数据报告涵盖的不仅仅是企业财务凭证数据。传统的财务软件通常以会计凭证为财务数据载体，这导致会计数据报告只能收集到会计凭证上的相关信息，如摘要、科目、辅助核算内容等。会计凭证是基于会计科目对经营活动进行翻译的专业语言，这种翻译可能会导致丢失部分业务的原始信息。这使得会计数据报告难以获取到明细级的业务数据，而这些数据在财务报表的附注、说明书或财务分析中具有重要意义。这也是导致会计数据报告自动化程度低的主要原因。

因此，为了实现会计数据报告的自动化生成，企业需要从更高的层次来考虑这个问题，结合现有的数字化条件，从数据源、数据载体和数据工具等方面进行改进，以从根本上解决这一问题。

第一，企业需要将会计数据报告的数据采集范围从财务部门扩展到整个企业。由于不同会计数据报告的目的、频率、流程和准确性要求各有差异，共同的趋势是频率更高、内容更丰富、精度更细、要求更严格。因此，会计数据报告的数据采集范围必然会从财务部门扩展到业务部门，从企业内部逐渐扩展到企业外部，从结构化数据扩展到非结构化数据。因此，实现会计数据报告自动化需要越来越多的部门协同合作。借助数字化作业平台和数据平台实现数据的统一管理和协作是实现会计数据报告自动采集的关键。

第二，企业需要将会计数据报告数据采集载体从会计凭证扩展到交易级数据。由于凭证承载内容的局限性，越来越无法满足会计数据报告和分析的需求。要实现会计数据报告的自动生成，企业必须摆脱会计凭证的束缚，将关联交易的财务数据和业务数据作为会计数据报告生成的基础。这样的数据基础才能满足会计附注说明和对外披露的报告要求。此外，针对一些特殊的会计数据报告内容，还需要在业务数据基础上进行财务专业处理，如财务重分类、资产评估增减值、未到期票据和融资成分等，这些都需要大量原始数据的支持。

第三，企业需要将会计数据报告生成工具从办公软件（如 Office）扩展到采用专业数据处理工具。随着会计数据报告需要处理的基础数据越来越多，报告形式越来越复杂，处理和计算逻辑越来越多，传统的电子表格软件（Excel）方法已经越来越难以支撑会计数据报告的生成和处理。很多企业甚至面临着数据量大到无法支撑的局面。通过使用专业的数据处理工具，可以对原始业务财务数据进行数据集成、治理和入库等工作，经过数据标签化处理，形成企业数据资产库，为财务人员提供方便、灵活和高效的会计数据报告。

总的来说，基于交易级业务数据进行财务处理是实现会计数据报告自动化的基础；跳出会计凭证的限制，关注所有财务和业务数据是实现会计数据报告自动化的核心；运用专业的数据处理工具是实现会计数据报告自动化的途径。这三者缺一不可，共同构成会计数据报告自动化的基石，为财务自动化和智能化铺平道路。会计数据报告自动生成的核心理念在于"数据取之于业务，用之于业务"，也就是说，自动化的实现取决于业务数据的积累和沉淀。基于这一基础，我们需要借助强大的数据分析工具构建从交易数据生成到财务处理数据的无缝连接。虽然实现数字化并非易事，但首先实现自动化是迫切且重要的任务，数字化之路就从这里开始。

二、企业会计数据运维自动化

技财融合下，自动化运维是通过软件等非人工方式完成操作和控制。自动化运维技术提高了运维效率，同时降低了人为失误导致的损失。随着财务部门发展成为企业数据中心，数据的规模不断扩大，传统人工运维方式难以支持管理会计大数据应用。因此，研究适用于数据中心的大数据自动化运维平台，使数据分析工作更加安全、智能和自动化是非常必要的。

（一）大数据自动化运维平台设计原则

大数据自动化运维平台设计要遵循指导性、实时性和可靠性原则，如图 4-3 所示。

图 4-3 大数据自动化运维平台设计原则

1. 指导性

为了降低人为因素带来的风险，数据中心自动化运维平台的设计应具备一定的指导性。利用计算机软件技术在数据处理方面的优势，结合科学分析对风险进行评估，为运维管理提供依据。这样可以提高自动化运维平台的安全性，降低平台运营风险。

2.实时性

自动化运维平台的工作主要以数据流方式进行展现。因此，保证数据实时传输是提高自动化运维平台工作效率的关键之一。数据传输的实时性使运维人员能够第一时间掌握平台的工作状态，并根据数据分析结果，预防可能存在的风险。

3.可靠性

企业数据中心自动化运维平台的目标是实现以数据为参考的自动化运营和维护，因此，数据的可靠性至关重要。在自动化运维平台的设计过程中，需要增加数据监控、对比和分析功能，确保数据真实和有效。

（二）大数据自动化运维平台功能

1.统一数据存取

大数据平台的数据存取服务实现了对异构和分布式数据的统一存取，以及用户管理和授权功能，满足了基本的数据访问需求。然而，对于负载均衡模式、数据访问安全控制和资源保护等方面的需求，仍需要更精细化地处理。因此，在提供统一分配的同时，需要实现多节点独立服务模式，以提高处理并发出请求的能力。此外，还需加强跨数据库访问、异构数据库关联查询以及访问会话和流量管理等方面的功能。

2.资源隔离按需分配

随着企业业务的不断扩展，对业务系统用户资源管理的要求也越来越高。一方面，需要实现用户级别的科学隔离；另一方面，还需充分利用软硬件资源池加强对硬件资源的管理。通过应用大数据自动化运维技术，企业在用户资源管理方面可以实现多租户管理，从而更好地执行企业管理制度。

3.自动告警故障处理

运维工作具有很高的复杂性，对运维人员的要求也很高。在自动化运维平台的管理中，需要对任务类型进行分类，并严格按照流程执行相关任务。然而，在实际应用过程中，自动化运维平台可能会出现故障。一旦发生故障，平台会向运维人员发送告警信息，并为解决故障提供建议。

（三）大数据自动化运维平台构建路径

应用自动化运维技术降低了传统人工运维中工作超时的可能性，将运维人员从重复性工作中解放出来，极大地提升了工作效率。此外，基于数字技术软件的自动化运维系统还可以实现自我状态监控，预估运维管理中的风险，并根据设定的阈值发出预警信息，从而减小自动化运维过程中的风险，降低由运维风险导致的成本支出。为更好地支持企业数据中心的大数据应用，开展大数据自动化运维技术研究和应用至关重要。

1. 构建自动化运维管理平台

自动化运维管理平台是数据中心自动化运维的核心。通过该平台，企业可以预警数据中心自动化运维中的风险，并快速恢复出现的故障。在构建自动化运维管理平台时，需要利用服务器、数据库、互联网、计算机等技术来监控数据中心的海量数据，并通过科学的数据分析评估自动化运维风险，同时提供降低这些风险的建议。

2. 构建故障监控流程

故障监控流程是在自动化运维平台出现故障后，系统自动汇总故障信息并启动上报流程，将汇总后的信息发送给相关人员。同时，系统预估由故障引起的风险，为运维人员后续的故障排查和处理提供依据，提高自动化运维平台的故障处理效率。

3. 完善事件追踪流程

自动化运维平台基于软件对参数进行分析和自我判断。在执行自动化操作之前，需要与数据库中的信息进行比对。以确保操作的正确性。为了监督自动化运维平台的工作状况，在平台建设过程中应设计完善的事件追踪流程，明确平台发出的每一个指令，减少运维人员对系统的随意操作，避免不必要的风险和故障。

4. 加强关键流程控制

在自动化运维平台的构建过程中，由于关键流程对整个平台具有重大影响，因此需要进行单独的管理和控制。在触发关键流程后，运维人员需对流程进行深入分析，阐明流程的意义、处理策略，以及对平台的影响，为流程审批人员提供审批依据。此外，针对关键流程所产生的影响，运维人员应特别监控，以防止关键流程导致的自动化运维平台连锁反应对系统产生不良影响。

随着大数据时代的到来，企业的信息化程度逐步提升，以企业数据中心为代表的新技术应用为各项工作带来极大便利。加速数据中心自动化运维管理建设，降低人为因素导致的故障，节省运维管理成本，提高管理效率，已成为企业数据中心运营管理的必然选择。

三、企业会计数据安全保障自动化

在当今信息化社会中，类似财务数据中台的数字系统已广泛应用于企业，极大地提升了运营效率和管理水平。管理会计数字化使得许多企业对信息系统产生高度依赖，收集到的海量数据成为企业的宝贵财富。因此，企业高度重视数据安全管理，并不断采取更先进、更安全的措施来确保数据安全。企业数据安全管理已成为确保信息安全的必然选择和关键措施。

企业在进行数据安全管理时，可通过以下核心技术能力予以支持。

一是数据资产发现能力。随着 IT 技术和企业信息化建设的不断发展，企业数据资产已遍布各处。这些位置可能包括业务数据库、Hadoop数据库、公司网络硬盘、共享服务器、业务人员电脑、高级主管移动终端，甚至公有云应用，如 Office365 的云存储服务（OneDrive）存储。发现并收集特定信息对于企业确定在何处存储核心数据资产至关重要。了解敏感数据分布，确保需要保护的数据存储在合理位置。数据资产发现应作为数据安全管理整体计划的起点，绘制"企业数据地图"将大大提高管理效率与投入产出比。

二是数据分级分类能力。在数据资产发现后，需要对企业庞大的数据资产进行分级分类。通过梳理所有数据资产，明确数据类型、属性、访问对象、访问方式、使用频率等，以此为依据进行数据分级分类，从而为不同级别数据制定合理的安全策略。这个基础也将为每个管理技术的实施提供策略支持。

三是深化数据内容识别与数据流动监控能力。数据在其整个生命周期中会不断流动和变化，因此企业需要采用多维安全工具来支持安全策略的实施，确保覆盖整个 IT 架构，如终端设备（电脑／手机／平板）、网络、邮件、业务应用和公有云应用等。同时，这些安全工具应具备识别不同结构和形态下数据的能力，以确保安全策略得以有效执行。

四是统一安全策略管理能力。无论核心数据位于何处，或通过何种方式传输都应受到监控。因此，在进行数据安全管理时，企业需要为不同的安全工具编排统一的安全策略，以确保企业制定的数据安全策略能够统一执行。

总之，在构建企业数据安全管理体系过程中，面对庞大且不断增长的数据资产，数据资产发现与数据分类分级将成为一个持续循环且繁重的任务。仅通过人工方式很难完成全面的数据资产发现和有效的数据分类分级工作，因此企业应选择合适的自动化工具来协助完成。值得注意的是，企业会计数据安全管理体系建设不能仅依靠技术解决方案来实现。在规划数据安全管理时，企业需从发展战略、合规性、IT 策略、风险容忍度等多个角度出发，从决策层到技术层，从数据管理制度到工具支持，自上而下贯穿整个组织结构。企业内部各层级之间需要就数据安全管理的目标和宗旨达成共识，确保采取合规、合理和适当的措施，以最有效的方式管理、保护和使用企业数据资产，最终提升业务价值和促进企业发展。

第五章 企业管理会计业财融合数字化实践

在当今数字化快速发展的时代背景下，企业管理会计也面临着不断变革和更新的挑战。在这个过程中，业财融合、数字化管理会计体系建设会变得越来越重要。本章将从业财融合的内涵、业财融合与管理会计的关系、数字化业财融合管理会计体系建设以及基于数据共享的业财融合实践等方面入手，深入探讨如何实现企业管理会计的业财融合数字化实践，为企业的业务经营管理提供支持和指导。

第一节 业财融合是管理会计工作的本质

一、业财融合的内涵

在最近几年的企业管理领域，"业财融合"或"业务财务一体化"一词十分盛行，但这些说法多来自实务界，相关学术文献还在不断深入中，尚未有标准说法。该类表述多为国内应用，财会专业英文词汇中无此术语，而且国际上对其论述甚少。关于业财融合的内涵理解。目前可从一些实操性很强的报刊和网络上发现一些公开文章。汇总这些文章的解读，"业财融合"大致可分为四种不同的观点。

（一）业财合作观点

此类观点认为，业财融合就是业务和财务的一体化，其实质就是企业市场经营线与行政综合线的配合。从会计角度出发进行分析，业财融合属于管理会计中的一个类别，对企业经营决策进行全方位的借鉴和分析，财务角色发生由"管账"向"管家"的转变，从"记录员""监督员""分析员"向"业务伙伴"转变，因此需要财务管理和业务管理更好地衔接，推动企业提高资源使用效率，有效地应对激烈的市场竞争。

（二）业财合作与制衡观点

合作与制衡的观点认为，业务与财务融合需建立在企业早期充分的信息化建设与人才培养前提下，并以企业价值文化为导向对财务流程进行再造，实现对整个业务流程的全面财务管理。业财团队在合理、高效的绩效考核中得到了监督与奖励。这种模式下，业财融合作为一种精益管理思想在企业中体现，业务与财务以一种既合作又制衡的关系存在，合作即业务需要财务给予决策支持，制衡即财务要监督与考核业务情况。

（三）价值链融合观点

价值链管理的发展需要业务管理与财务管理的共同支持，因为业财融合也可以看作是一种企业内容价值链的融合管理。在这种观点中，企业实施业财一体化是将财务延伸到业务前端，模糊财务和业务之间、财务与外部利益相关者之间的边界，从而达到信息整合和实时控制的目的。财务和业务在融合过程中主要针对业务和财务链条上的不增值环节及节点，运用信息化、智能化手段对其进行改善或直接将其剔除。

未来大量财务基础工作、业务基础工作和技术处理将由电脑系统和机器人代替，参与企业价值创造的每个员工都需要学会数据分析，财务管理自然也要更注重发挥财务信息对整个价值链各环节良好运行的指导作用。

（四）信息系统一体化观点

单纯从技术角度来说，业财融合是指在由网络、数据库和软件平台组成的 IT 环境中对企业运营中的业务流程、资金运动过程与数据流程进行有机整合，构建以业务活动为中心的业财一体化信息采集、加工、分析体系，实现财务数据与业务信息的一体化。此观点认为，企业在业务管理和财务核算都有各自的系统，通过对现有系统进行接口改造，进而达到数据共享、业财融合的目的。①业财融合要关注信息系统的建设和优化，以提高企业业务与财务的数据整合和信息共享能力为目标。

上述各类观点对企业认识和把握业财融合这一概念属性有诸多启发。在这些观点的发展支持下，业财融合概念在企业管理实际工作中得到了广泛的认可，并成为企业战略关注的焦点。企业管理层和员工需不断深入研究和理解业财融合的内涵，以便更好地将其应用于实际工作。同时，企业应跟踪学术研究和行业发展动态，不断丰富和完善业财融合的理论与实践体系，以更好地推进业财融合，提升企业的整体竞争力。

二、业财融合与管理会计的关系

管理会计的主要目标是为企业管理层提供有关企业经营和财务状况的信息，以便做出战略决策、规划和控制。业财融合正是要实现这一目标。业财融合要求会计信息系统能够提供与企业经营、财务和其他相关领域的全面信息，以便管理层能够更好地理解企业的整体状况，并进行有效的决策。业财融合强调管理会计在战略制定和执行过程中的重要作用，帮助管理层将财务目标与企业战略紧密结合，实现企业的可持续发展。种种情况都说明：业财融合是管理会计工作的本质。具体可以从以下三个方面详细说明。

（一）业财融合是一个管理会计学科议题

立足财务领域，企业首先要明确业财融合究竟归属于什么范畴，应

---

① 李漫，堵光耀.打造会计引擎助推业财融合升级 [J].财务与会计，2021（11）：66-70.

更多地向哪个方向倾斜。只有在已有学科基础上建构概念属性、理论基础和内容框架才能使理论分析有理有据；同时只有理论清楚了，才会勾画出一条明晰的实操路径和工作模式。

业财融合就其本质而言，属于管理会计议题。财务学科大体上可以划分为财务会计、管理会计、财务管理和审计四大类别和方向。显然审计与此并不相关，而财务会计作为对外会计，其对内的支持作用远不如管理会计明显，如此只剩下财务管理与管理会计两个领域。

业财融合虽然突出一个"财"字，但此处的"财"主要是指与财务、会计类有关的决策信息而不是专指财务管理。在专业方面，企业财务管理主要包括融资决策、资本结构、资本预算、投资决策、股利分配、并购重组等方面。管理会计主要包括成本习性、短期经营决策、长期投资决策分析、成本控制、责任中心与转移定价、业绩评价等内容。企业财务管理重在参与外部资本市场，重视对外交流估值、定价、融资方式、资本成本、投资并购和尽职调查等工作。管理会计在企业内部主要服务于企业经营决策和资源配置等，研究组织经营活动并通过提高其经营绩效来为企业创造价值，这刚好与业财融合所要追求的目标不谋而合。业财融合是一个标准的管理会计学科议题。

（二）业财融合是一种管理会计信息系统

就目前而言，战略管理、营运管理、投融资管理、风险管理等都在一定范围内成为管理会计的外延性内容。管理会计通过挖掘、分析、传递和利用与决策相关的财务与非财务信息，来为组织机构创造价值并持续维持其价值。管理会计本身并不直接创造价值，但有助于企业创造价值。管理会计不直接制定战略和做出经营决策，但可以辅助企业制定战略与长短期经营决策，如此来看，管理会计本身就是一个帮助决策者决策的信息系统。

在此背景下，结合业财融合是管理会计学科议题和业财融合是业务和财务信息系统的一体化观点可知，业财融合就是一种管理会计信息系统，为企业内部的决策与评价提供信息支持。如果把企业的运作与管理视为一部行驶中的汽车或者航行中的飞机，管理会计系统就是仪表盘。作为管理会计命题的业财融合，并不是财务部门直接参与业务决策和业务活动，而是一项企业的后台管理业务，为企业内部各方面和各环节的管理者与员工提供据以做出决策的信息。这个信息系统应该服务于创造价值、主导战略、控制风险、管理供应链、绩效管理、成本管控等。

（三）业财融合是一个战略管理会计控制体系

战略管理会计是一种综合性的管理会计方法，主要关注企业战略规划、制定、实施和评估过程中的财务信息和非财务信息。战略管理会计的目标是为企业提供关键的战略性决策支持，帮助企业在激烈的市场竞争中实现可持续发展和竞争优势。业财融合十分强调战略决策、商业模式与业务经营信息供给，紧扣企业价值链，不仅要覆盖价值链中的每个环节，尤其是增值活动环节，而且更关注不同活动之间的业务逻辑，以业务逻辑为精髓，谋求企业价值链中各个环节的协同性。这一点与战略管理会计的概念十分相近。

根据业财融合的合作观点、合作与制衡观点、价值链融合观点，业财融合不仅是一个简单的管理会计工具或单纯的管理信息系统，还是一个紧盯企业愿景、战略目标、核心竞争力、资源能力、价值链布局、市场对标等的综合性控制体系。

业财融合突出财会部门主体责任，但绝不仅限于财会部门内部，应厘清企业各个职能部门及不同层级管理人员之间相关主体的权责分配。就管理控制系统而言，按照总部对下级部门战略计划程序和总部集权程度的不同而产生的影响，企业组织结构可以分为战略规划型、战略控制型和财务控制型三大类型。这些理论原则指导着企业考虑业财融合应因企而异的具体办法和重点。管理会计工具一定要在具体的方式上保持多样性和权变性，在企业管理创新和学习变革中发挥主导作用。组织内部没有界限，管理层级没有上下级，这就是业财融合的主旨，而要达到这一主旨，关键就在于重建企业文化。

以业财融合为基础的战略管理会计控制体系也要求内部无缝沟通，组织结构平直，内部高度信任，信息传递无阻碍等企业文化特征植入其中。时刻保持企业内各类信息完全透明，努力使财务部门既是业务管理的监督者，又是业务信息的提供者。

三、基于业财融合本质的管理会计发展策略

基于业财融合的本质要求，管理会计的发展应从工作内容、工作方式、管理体系、管理模式、服务理念五个维度进行考量（图 5-1），充当业财融合的"仪表盘"和"导航仪"，展开与业务部门的全方位合作，促使价值和效益的观念根植于企业业务环节之中，帮助公司实现可持续发展。

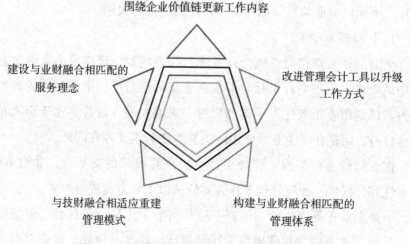

图 5-1　基于业财融合本质的管理会计发展策略

（一）围绕企业价值链更新工作内容

推进业财融合，管理会计必须先对企业价值链环节和主要经营活动进行梳理，包括现有企业内外部增值的基础活动，包括企业生产、销售、进货、交货、售后服务等，还涉及人事、研发等支持活动，这些活动环

节层层串联，构成了企业价值链的主动脉。业财融合下的管理会计要借助大数据、人工智能等数字技术，结合精益管理思想，聚焦每一根主动脉的毛细血管，开展企业的价值链管理，摆脱既定的、常规的、价值增量小的工作内容。

在具体的实践过程中，管理会计要抛弃那些相对粗放的会计要素和报表科目，从价值链环节直接切入，结合企业的特定业务属性进行融合，也可从战略规划、采购供应、投资建设、质量管控、市场营销、客户服务、职能管理等应用场景对企业业务经营与运营管理的细枝末节进行综合描绘。

（二）改进管理会计工具以升级工作方式

在业财融合实践过程中，管理会计工具的引入是必要的，这不仅可以促使管理会计减少会计属性，而且能推动管理会计和业务经营的无缝对接。下面以全面预算管理与业绩评价为例进行说明。

1. 全面预算管理

全面预算管理作为管理会计系统的核心机制，理应成为业财融合发展中最先进的管理会计工具。但在企业实际运行中，全面预算管理时常因为"计划跟不上变化"一类的思想，束缚发展。这并不在于全面预算管理自身，而是在于企业所使用的预算方法和模式存在问题。

在业财融合框架内，管理会计突出预算模式的交互性、非财务性、实时性和分权性，预算管理工作方式应从以下几方面进行改善。

一是企业预算文件的"语言"应尽可能少用会计科目和财务指标表述，尽量从业务经营角度出发表述预算指标体系，例如，在业财融合思想下，企业预算体系架构可以通过产品线、渠道线、客户线、供应链等表达进行列示，便于业务人员理解。

二是企业预算程序与信息应由企业总部及高管直接介入，预算编制流程需要企业内部各级管理人员频繁关注并有序参与，不能被财务部门"大包大揽"。预算是对未来进行的规划，但外部环境是不确定的，所以想让企业准确地对未来一年的市场走势和政策变化进行预算确实比较苛刻。因而预算管理可以摒弃"一年编制一次"的固化预算流程，压缩预算周期、提高预算编制频率。

三是预算编制方法主要采用滚动预算，企业预算数据应在总部与下属，以及有关平行部门面对面交谈后生成，计划预算数据形成过程中要实时监控分析、修改调整。

四是为推动业财融合发展，企业总部除了要建立统一的预算制度框架和数据分析模板外，还需要指导各个业务单元对上述制度进行具体且个性化的执行，特别要按照特定业务模式，搞好精细化业务预算。

2. 业绩评价

在业绩评价方面，基于业财融合本质的管理会计需要由结果驱动型转向战略牵引型，加强企业战略方针在绩效评价中的主导作用。

基于企业产品及市场变化，企业战略主要包括反应型、进取型、防御型、稳健型等。反应型属于相对被动，以跟随为中心的策略类型。进取型战略不断寻找市场机会，是变化和不确定性的代名词，这使竞争者不得不迅速做出反应。这一策略体现了企业在产品、市场、技术上的专业性，并突出了市场营销和研发功能。防御型战略产品系列较少，且少有产品研发和市场开拓，其中起到关键性作用的就是融资与生产。稳健型企业只有在面临严峻挑战时才无奈地进行创新型活动，融合了进取型和防御型两种策略的优点。

在业绩评价制度建设上，业财融合背景下，管理会计的发展应摒弃单纯按照历史水平来评价业绩的工作方式，转换运用预算目标标准，特别是对标外部同行业的竞争者，明确行业对标统一体系。业财融合强调企业战略、业务运作、产品及服务等方面在同行业中的位置，因此，企业应基于资源配置给出量化的评价标准和标杆，用标杆分优劣，用标杆配资源，用标杆促管理。在业财融合的理论框架下，管理会计通过对标杆数据背后的业务动因的发掘，对价值链全流程、商业模式全流程的薄弱点与效益洼地进行诊断与管理，筛选和摒弃高投入、低效益的商业模式和产品经营，准确推进运营模式、管理服务的优化。

（三）构建与业财融合相匹配的管理体系

业财融合是企业市场经营线和行政综合线的配合和贯通。现有企业内部科层组织、直线式管理、总部权力高度集中、各个业务单元全凭命令办事的管理体系已经成为业财融合下企业管理会计发展的桎梏。实现业财融合，从组织层面看，需要模糊经营前台和管理后台，破除各项职能管理条块，挤压上下信息传递层级。为此，企业内部运营及外部价值链应做到一体化、无边界、数字化全覆盖，让市场、经营、生产决策与财务信息形成一个数据向上流动、平台管理、职责下沉、权力下放、独立核算、自主经营的有效组织体系。

就管理会计理论而言，根据控制的侧重点，可以将其管理体系划分为运营型控制、战略型控制、财务型控制三种。其中，运营型控制管理体系在经营决策和管理中发挥指挥中心作用，注重统一经营运营、资源集中配置和业务管控等，强调过程控制；战略型控制管理体系作为投资决策中心，主要承担整个公司的战略规划、投资决策和协同发展等任务，是企业的利润中心，具有较大的经营自主权；财务型控制管理体系作为财务管理中心，主要通过财报指标和业绩结果来考核每个组织单元，更注重特定业务经营管理，对资源配置、战略规划、经营业务和财务收支有一定自主权。

管理体制不同，业财融合在工作机制、过程和侧重点等方面也会存在差异。基于业财融合本质，管理会计的发展需要考虑企业内外部经营环境、企业战略类型、自身管理基础与规范性等因素，重构企业管理体系成为必然选择。

但是，不管采取哪种管理体系都有一个共同点，即业财融合条件下管理会计发展的取向，就是要大力推行企业内部市场化和契约化结算机制。即内部经营关系要尽量模拟市场运作的方式，以订立合作协议的方式，确立契约关系来确定服务双方的合作内容、服务质量、响应速度，以及其他一系列权利义务，推动企业内部分工，促进内部协同，既要放大内部自主活力，又要减小内部协调阻力，还要将内部转移价格作为计量标准与基础。在内部市场化背景下，管理会计利用内部结算来计量主体对经济价值的贡献与成本耗用，为企业开展绩效评价、资源配置等工作提供了重要的依据与支持。

（四）与技财融合相适应重建管理模式

数字技术驱动下，技财融合对管理会计工作进行了全方位的重塑，管理会计信息数据采集也由粗放式、概括性的信息数据，转化为细枝末节的信息数据，把数据的收集和分析扩展到企业经营各个角落和价值链上的各个细枝末节，通过运用数字技术对原本认为无关的资料进行分析整合后再诠释，挖掘其中蕴含的新价值，改变以往强调事后数据分析的工作理念，形成实时动态的管理模式。

在业财融合与技财融合的相互配合下，管理会计工作模式必须进行相应的重建。

首先，围绕企业内部价值链建设管理会计数据仓库。例如，建立基于企业价值链的业务活动清单，按照 5W1H 分析法，即目的、内容、主体、区域、周期、模式，进行维度设计，形成不同业务活动和维度的结合。

其次，建设运营异动扫描与预警系统。搭建公司主要运营指标监控体系，为指标健康度设定异动阈值，对各指标的运行状况进行全方位的实时扫描，当指标超出合理范围时及时预警，帮助企业快速发现经营中的异动，适时分析并制定相应的对策，以保证安全生产和高效经营。

再次，构建企业营运标杆数据库与"体检报告"。以价值及效率类标杆为核心，结构及增幅类标杆进行补充和校验，构成业务标杆和财务标杆之间的联动分析，重点涵盖行业地位、收入增长、成本水平、市场运营、供应链、资源配置等模块单元。利用份额指标衡量企业在产业中的位置，以收入表现衡量企业收入能力增长情况，以成本利润率和其他指标衡量盈利能力，以客户运营、业务运营指标衡量市场运营，以运营速度绩效衡量供应链状态及潜力，以资源结构衡量资源配置情况，全面覆盖业务增幅、架构、发展效率、收益等指标。

最后，建设管理会计决策和分析"界面交互"平台。以管理需求为切入点，对组织、产品、顾客、渠道、重点成本各维度投入产出数据进行归集，构建分析模型，输出管理报表，从而实现对组织、产品和顾客各维度投入产出的评价，助力业务发展与管理。

（五）建设与业财融合相匹配的服务理念

在组织行为心理上，业财融合理念的引入和具体操作首先需要摒弃企业管理会计人员长期以来存在的思维范式，如"财务管理""集团管控"和"内部控制"等。这些观念在相当程度上暗含了"管理者"和"被管理者"等不同的主体身份，且更多地把财务视为"管理"与"控制"的角色。当前业财融合内涵在财务上的定位则更多地以服务、交流、合作、咨询诊断、参谋顾问等角色为导向，更加注重部门间的互补。需要企业管理会计人员采取引导而不是领导，解说而不是说教的工作态度，为企业的各项业务提供优质的全过程财务管理服务。

在技财融合背景下，管理会计以数字技术平台为基础制定业务经营计划，应与各个业务单元管理者协同合作，使用简单明了的分析工具对业务经营进程进行扫描，对偏离经营计划目标的经营活动状态进行诊断评估，讨论改进的具体策略。与业务团队共同工作的过程中，管理会计人员不仅要追求企业经营效率的改善和效益提高的结果，更要形成相互学习、相互信任、相互尊重的跨部门协作文化。

第二节　企业数字化业财融合管理会计体系建设

一、企业数字化业财融合管理会计体系建设价值

（一）落实企业战略目标

数字化业财融合管理会计体系能让管理会计的职能发生改变，强化了管理会计对业务的支持作用，一定程度上也能提高管理会计人员对业务的参与度，让他们在体系内更好地进行与业务管理有关的管理会计工作，加强企业业务部门与财务部门的衔接，实现了二者的整合，保证他们在工作过程中做到目标统一，以实现企业战略目标为主。

（二）提高价值创造能力

对企业来说，业财融合主要就是在相关数字化平台的帮助下，对各种数据信息进行归集与整理，促进相关制度的构建与完善，从而适应管理会计工作中对信息管理的要求。在过去人工模式下的管理会计数据分析与运用过程中，极有可能存在着偏差较大的现象，从而在某种程度上制约着企业的价值创造，严重时会对企业的可持续发展产生阻碍。

数字化业财融合管理会计体系能够科学合理地应用数字技术提高财务数据精准程度，有效开展业务活动管理和业务信息跟踪管理工作，高效率、高质量地处理业务信息，降低发生错误的可能性，保证财务管理活动贯穿企业整个业务活动过程，让业务和财务结合得更密切，帮助企业做出科学合理的策略，推动企业价值创造能力的提升。

（三）优化企业资源配置

数字化业财融合管理会计体系下的管理会计工作与传统模式下的管理会计工作有很大不同，强调决策支撑而非数据报告，所提供的也是经过数据处理后得出的价值信息，而不是简单的数据报告，业务人员无须

再从数据海洋中挖掘可能需要的信息，这部分工作已经转移至管理会计工作范畴。

一方面，以数字化业财融合管理会计体系为支撑，管理会计人员能够以宏观的视角对企业发展过程中所需运用到的信息进行分析，同时也能对企业现实情况进行把控，找到发展的动态平衡点，对现有资源进行科学、合理的配置，避免出现资源闲置、资源浪费等现象。这样在一定意义上可以提高企业的经济收益。

另一方面，以数字化业财融合管理会计体系为支撑，管理会计人员能够在企业经营管理活动当中高效采集内外部信息，再运用先进管理会计工具与多样化管理会计手段使企业能够就内部财务信息、业务活动信息与经营管理信息进行分析，还能对外部市场发展情况、行业变化趋势及其他信息进行分析，基于这些信息整合与价值挖掘优化现有资源配置，从而实现企业转型与升级，并促进核心竞争力的建设。

（四）提升企业管理水平

就企业整体管理而言，数字化业财融合管理会计体系凸显了管理会计对企业管理的地位与价值，可以发现并完善企业管理过程中所出现的问题，还能明确管理会计具体的适用范围，使其功能与作用得到充分发挥，实现企业稳定健康发展。

就企业财务管理而言，企业从采购原材料到产品加工，再到市场销售的每一个环节都要经过财务部门的审查，以保证企业申请到的资金达到要求，从而支撑企业稳定运行。管理会计人员在这一过程中要对财务资金的状况做出分析，科学合理地做出相应的预算，保证资金可以得到最大限度使用，提升了财务管理水平。

同时，在业财融合的环境中，针对管理会计工作思维的创新可以让财务部门与其他部门适时配合，掌握企业的总体发展状况，保证企业的日常活动可以有条不紊地行进。

二、数字化业财融合管理会计体系的构建思路

企业数字化业财融合管理会计体系的构建要从理论、制度、技术三个方面进行考量，如图 5-2 所示。

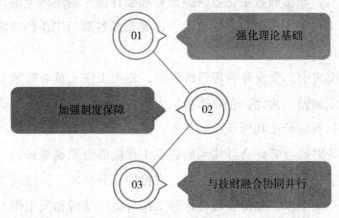

图 5-2 数字化业财融合管理会计体系的构建思路

（一）强化理论基础

强化理论基础是构建数字化业财融合管理会计体系的第一步，如果企业没有完全认识管理会计的意义，对管理会计不够重视，管理会计理论基础不扎实，管理会计应用体系建设落后，数字化业财融合管理会计体系建设也就无从谈起了。因此，企业首先要对于管理会计基本理论加以定义，从管理会计工作所具有的优势着手，保证将其对企业经营管理的功能与价值发挥到极致。与此同时，企业因其自身所处行业、规模，以及业务特征等的不同，对数字化业财融合管理会计体系的建设也会产生不同影响。基于此，在数字化业财融合管理会计体系建设中，企业需突出管理会计理论的开放性特征，强化理论基础，以理论指导实践的开展，避免盲目实践带来的资源浪费。

具体而言，首先，数字化业财融合管理会计体系的基本职能要明确。管理会计能服务于企业业务发展，能在先进管理工具与管理理念的帮助

下为业务管理决策提供可靠的数据信息支持。其次，要确定数字化业财融合管理会计体系的建设目标。数字化业财融合管理会计体系建设的首要目标就是要在管理会计的帮助下，促进企业持续健康发展和经济效益提升。最后，要明确数字化业财融合管理会计体系的应用范围，保证其对企业各项相关工作做到全面覆盖，还要兼顾各部门工作的协同，以支持业财融合。

传统模式中，受企业管理思维限制，相关工作人员对管理会计理论理解有一定偏差。为此，企业需要加大宣传力度，让全体员工认识到管理会计所具有的价值和所承担的任务，促进员工对管理会计的认同，使得数字化业财融合管理会计体系的建设工作能够更顺畅地进行。如果外购相关数字化信息系统，也要与第三方机构充分交流，让他们将管理会计引入到企业中来，宣传管理会计的工作价值，使得相关工作人员对管理会计能够形成一个整体的了解，从而为后续系统的建设提供更加有利的条件。

（二）加强制度保障

健全的制度体系对于保障数字化业财融合管理会计体系建设工作的顺利开展至关重要，同时还可以起到一定的引导与参考作用。但由于受到现行财务管理制度以及管理模式的影响，目前管理会计在企业实践运用过程中还存在着一些制度的空白，这就要求必须有健全的配套制度作为辅助，为数字化业财融合管理会计体系建设与实施提供可靠支持。

首先，从促进业财融合的视角出发，企业应根据自身实际情况组建相关工作小组，以企业领导和高层管理人员为小组成员，具体负责指导、监督数字化业财融合管理会计体系的建设工作，完善配套制度，以制度融合引领业财融合。

其次，企业要重塑业务流程，与业财融合要求相对照，保证管理会计能真正融合到业务活动中，分析业务流程存在的问题，并结合精细化管理理念促进业财融合实施。

最后，企业有必要对经营管理的相关内容进行综合梳理，促进组织结构的优化，对风险进行有效规避与管控，同时提升企业组织运行效率。

（三）与技财融合协同并行

数字化业财融合管理会计体系建设的主要原因就是为了提升企业整体实力，让企业能够在市场竞争中处于有利地位，是管理会计数字化建设、企业数字化转型的一部分。所以，相关工作人员必须与技财融合理念相适应，科学合理地针对数字技术加以运用，完善传统模式中因不能及时收集信息而造成战略规划以及销售方案相对滞后的问题。

以数字技术为支撑，企业既可以强化各部门之间的关联，实现信息的实时共享，又可以针对市场价格变化情况展开分析，认识市场发展规律，使管理会计信息更加多样化，增强信息精准程度，从而为企业业务发展提供保证。在此基础上，借助数字技术创建的专业案例资源库也能为数字化业财融合管理会计体系建设提供案例资源支撑，让管理人员在案例分析中了解企业发展中的优势与劣势。在针对个案的选取过程中要保证个案的典型性，内容全面且切合实际。这样可以让企业第一时间了解问题产生的成因，有的放矢。

三、数字化业财融合管理会计体系的构建路径

（一）建立理论框架

企业应以《管理会计基本指引》为依据构建与企业发展相适应的数字化业财融合管理会计体系。以传统管理会计的预算管理、成本管理、绩效管理、管理会计报告等活动为体系内核，构建符合企业实际的管理会计体系理论框架，以便更好地履行管理会计职能。

在计划职能方面，全面预算管理作为管理会计履行计划职能的中心手段。企业制定全面预算管理的依据在于首先对整体组织架构进行调整，数字化业财融合管理会计体系既可以帮助企业从整体上把握组织架构调整的联动性，又可以从细微之处帮助企业发现冗余的组织单元并进行改

善，企业根据调整后的组织架构预算数据对关键性指标进行管控，按最小组织单元划分预算组织，分年度总预算、季度预算和月滚动预测预算编制体制。

在管理会计的控制职能方面，成本管理作为数字化业财融合管理会计体系的内核之一，在很多方面起到了举足轻重的作用，如在预算管理方面，企业成本预算管理采用定额成本管理的办法来确定成本的组成，对实际成本进行合理的预测和控制。

就预测与决策职能而言，企业以业财融合为理念进行管理会计体系建设，旨在更好地为管理层预测与决策提供数据支持，以便更好地响应市场变化，实现持续健康的发展。要做到这一点，最为重要的工作就是财务数据和非财务数据之间的深度融合，使管理会计数据分析涉及的业务范围更全面，最后形成战略损益表、人工成本表，以及其他多类型管理会计报告。这些工作一般的业财融合管理会计体系是很难做到的，因而必须依赖数字化的业财融合管理会计体系，借助数字技术实现技财融合下的业财融合。

评价职能也是管理会计的五大职能之一。绩效管理可以保证管理会计在企业各方面发挥其评价职能。过去，企业绩效管理工作并非财务工作，而是人力资源部门的工作，但没有财务部门支撑的绩效管理工作指标不清晰，没有一个统一量化的指标，绩效评分过程也不明确，绩效评定不够透明。由此企业认识到绩效管理工作与财务管理工作是息息相关的。数字化业财融合管理会计体系下，企业根据不同业务单元的实际状况，实施多元化绩效制定工作，以各业务单元的管理层作为主要制定人员，让绩效管理更加贴合实际，实现技财融合、业财融合、人财融合的全面推进。

（二）搭建应用体系

业财融合为当今企业会计转型下的管理会计发展提供了合理路径，然而业财融合这一理念的落实绝非一朝一夕之功，也不是企业某一部门能够独自落实与推进的，概念的理解与具体实施是两回事。企业首先要做的是对数字化业财融合管理会计体系下的企业价值链进行梳理，然后围绕价值链优化管理会计主要的工作流程，最后依托数字技术搭建的业财融合管理会计信息系统提供基础数据服务，将管理会计的职能真正发挥出来，赋能企业经营与管理。

1. 梳理价值链

业财融合主要体现在业务和财务的结合上，管理会计人员所要梳理的不只是自己的责任，还应该将企业的业务流程完整地梳理出来，根据价值链的流转情况，梳理每一个流转环节上的增值活动，包括采购环节、生产经营环节、销售收款环节等，也涉及人事框架、技术研发和其他辅助活动，突破原有思路，真正做到协同，助力企业战略规划和企业价值实现。

2. 优化管理会计工作流程

首先，全面预算管理下的企业应要求所有的员工都参与预算编制中来，管理会计人员负责数据指导工作，其他财务工作人员对业务情况进行深入了解，结合预算编制对业务实际情况加以解释，便于管理会计人员跟进指导并适时调整预防方案，最终编制出与业务高度契合的预算报告。同时，在后续业务开展期间，管理会计人员要对预算执行情况进行实时监督，对存在的偏差及时反馈并分析偏差产生的原因。全面预算管理工作要有层次地开展，对于不同层次的管理层要建立逐层分级的管理方式，强化对于资金预算的控制与审查，从而使公司能够合理地控制资金调度。

其次，过去企业的成本管理倾向于一体化控制，基本是以业务线为主，各流程控制间很难区分。当下，企业要把原来的成本管理体系转变为综合管理且能精准分割研发成本管理、采购成本管理，生产成本管理和物流成本管理的体系，在确保价值链有序协作的前提下，持续提高企业综合成本管理的质量与效率。

最后，企业应构建绩效管理报告体系，在原绩效管理链路中增设绩效管理的自我预警、自我调整等机制，形成完整的管理闭环。管理体系旨在确保年度绩效管理目标能够在企业基层得到切实执行，并在外部环境因素出现较大变化时对绩效管理报告做出必要的自我调整，实现绩效考核的目标。管理会计人员要以业财融合理念为基础，深度融合业务，把绩效管理的每一项指标都落实到责任人。

优化上述管理会计工作流程仅仅是数字化业财融合管理会计体系构建的初级路径，数字化业财融合管理会计体系绝非上述管理会计工作板块的简单结合。如何以业财融合理念为基础，构建与本企业发展决策相匹配的管理会计体系是从理论梳理开始直至最终付诸实践所需经历的长期过程，相关的管理活动场景也在随企业发展进行调整，企业不可有一蹴而就的想法，而要根据发展变化进行持续的改进和优化，确保数字化业财融合管理会计体系的建设适应企业发展的每个时期。

3. 建立健全业财融合管理会计信息系统

技财融合理念下，数字技术成为关键生产力，完善的业财融合管理会计信息系统对于促进企业数字化业财融合管理会计体系的构建具有十分重要的作用。为此，企业应完善业财融合管理会计信息系统功能，建立起专门的业财融合服务数据库，使业财融合工作的开展事半功倍。

一方面，企业推动业财融合发展离不开信息系统的支持。一个完善的业财融合管理会计信息系统应根据企业发展需要不断更新相应功能模块。例如，将反馈模块加入系统当中，为相关工作人员对业财融合工作实践的建议提供一个沟通渠道，方便管理层把握员工对业财融合工作的进展和困难。同时，企业在业财融合管理会计信息系统功能完善的过程中，需要结合业财融合对管理会计信息的要求不断更新技术工具，以便更好地进行工作。为此，企业应明确自身对业财融合的需求，结合自身内部运行情况，在不同时期围绕业财融合目标实时动态调整业财融合管理会计信息系统功能，搭建出一个随时满足业财融合需求的工作系统，提高企业内部信息交互程度，给员工提供便利的工作条件。

另一方面，数字时代背景决定了业财融合离不开海量数据的支持。企业作为一个独立经营与发展的个体，不管是在财务工作进行过程中，还是在业务工作开展过程中都会产生海量的数据。这些在企业运营过程中所形成的数据可以为后续运营与决策提供重要参考。但需要注意的是，这类数据如果未进入数据库实现整合，就很容易被管理层忽略，难以挖掘到其中所包含的价值。企业业财融合工作的复杂性使其更需要数据支撑。在这种形势下，企业业财融合管理会计信息系统要搭载专门的业财融合服务数据库，将其日常运营中所产生的大量数据录入其中并进行数据整理。企业一旦建立起专门的业财融合服务数据库，随着其规模的不断扩大和良好的管理成效，将会发挥出难以想象的强大作用，为企业业财融合提供更有价值的数据支撑。

（三）选择应用路径

建立完善数字化业财融合管理会计体系所应具备的理论框架和应用体系之后，紧接着便是应用路径的选择：一种是问题推动型，一种是体系规划型，这两者的核心区别在于实施的起点和推进方式。

1. 问题推动型

问题推动型的应用路径是由企业当前面临的具体问题引发的，企业首先关注的是解决当前的问题，通过解决这些问题来推动业财融合的实施。这种方式往往具有针对性强、操作简便、见效快的特点。针对性强是指针对企业当前面临的具体问题或痛点进行改进，包括提高成本控制、优化预算管理等。操作简便是相对于体系规划型应用路径而言的，问题推动型的实施过程较为简便，更容易获得企业内部的支持和理解。通过解决当前问题，企业可以迅速看到业财融合带来的成果，短期效果明显，增强信心和动力。

例如，在成本管理方面，成本作为衡量企业产品生产过程中的重要标志，人力、物力和生产环节都会导致资源被耗费，为了促使资源发挥出最大效率，就要实施合理化和科学化的管理手段，发挥业财融合功能效用，从而构建企业稳态型发展体系。问题推动路径下，管理会计把成本管理的工作重点放在检查企业运营环节中存在的成本浪费情况，即在企业运行过程中某些环节的流程运行耗费资源较大，或者技术基准与质量呈正态比时，就可以通过流程化管理来追踪企业运行环节，找到影响因素的排列次序，再根据降次顺序对影响因素进行约束，从而确保企业各环节高效开展。

2. 体系规划型

体系规划型的应用路径是从企业的整体战略出发，谋划管理会计的运用方法，对业财融合进行全面规划和设计，关注各个业务和财务环节之间的协同和融合，确保整个体系的高效运行。体系规划型的实施更注重长期规划和战略性，有利于实现企业的可持续发展，具有全面性、系统性、长期效果显著的特点。

如果企业选择体系规划型应用路径，那么数字化业财融合管理会计体系规划就要从战略视角对管理会计方法进行统筹运用规划，创建企业管理体系的内核，把焦点集中在展示各种方法的协同作用发挥上。

在战略布局的管理层面上，管理会计所产生的价值可以划分为内部价值和外部价值。从内部价值角度来说，目前，企业的经营通常包括不同类型的业务模块，各业务模块关联性较强，如产品生产链上下位加工体系之间存在着衔接性。企业在经营过程中各个环节都会耗费相应的资源，并且带来一定的增值。企业内部价值分析的着力点基本放在能够为企业创造价值的业务环节上，以及价值产生环节的关联性业务模块上，并以此来确保价值查验的全面性。

在价值发生环节的深入分析中，一般以费用为出发点，围绕企业内部价值链对增值项目、非增值项目和运营型项目进行及时分析。通过业务项目查找，将其和成本、关联环节结合起来进行综合性分析，把一些无价值项目环节合并或者剔除，实现对运营作业成本费用的降低，并借此拓展增值项目优势，使得企业的资金体系处于平稳的状态，继而增强企业市场竞争力。

从外部价值角度来说，按价值属性可以划分为横向价值和纵向价值。横向价值分析围绕企业内部和社会市场环境进行，通过对企业产品、经营模式进行定位，判断企业所对应的竞争对手。纵向价值的核心是企业，围绕与企业运营有关联的供货商、营销商展开分析，目的是维持企业的经营环境稳定。通过对外部价值进行剖析，管理会计可以明确企业发展方向，有效拓展产品优势，让企业产业链价值升级，借此改善企业各个生产环节的工艺。当企业定位其发展模式之后，以企业的工作范畴内所涵盖的价值深度为出发点，通过采集来的数据信息分析企业的运营环节，计算环节的投入产出比，方便了企业管理人员进行规划，提升了企业发展效率。

总之，问题推动型和体系规划型在实施业财融合管理会计体系时具有不同的特点和侧重点。企业应根据自身的实际情况和需求，选择适合自己的应用路径。问题推动型更适合当前存在明显问题或痛点的企业，能迅速解决问题并取得成果；体系规划型更适合对未来发展有长远规划的企业，能全面提升企业的业财融合水平。不过，理论框架、应用体系、应用路径的确定仅仅是在符合企业战略的基础上建立起来的数字化业财融合管理会计体系链路，该体系的真正落实不能单纯依靠管理会计工具辅助，关键在于如何以业财融合为思路，把链路实施落实到战略目标的各个环节。

第三节　基于数据共享的业财融合实践

一、业财数据融合实践挑战

数据作为企业运营中不可或缺的要素，能够为企业提供有力的支持，帮助企业发现问题、优化决策，提高效率和竞争力。在此背景下，以数据融合为主线的业财融合成为当前企业数字化转型和升级的重要方向之一。然而，数字技术的不断发展使更多数据从线上转移，既给企业各部门的业务处理和信息处理带来了方便，也不同程度地产生了许多数据融合难点。根据数据全生命周期理论的总体观点，企业业财数据融合在数据获取、协同共享和赋能应用等层面都面临着更大的挑战。

（一）数据获取挑战

在数据获取方面，企业需要面对两个主要挑战。首先是需求方面的挑战。随着业务和财务部门的不断拓展和发展，对数据的需求越来越多样化，各个部门对数据的需求和定义也可能存在差异。数据的源头录入如果只考虑了业务或者财务本部门的管理需要，就会造成线上数据不完整、总体业财管理要求和数据需求不相适的情况。其次是数据源头方面的挑战。企业内部存在着各种数据源，包括 ERP、顾客关系管理（Customer Relationship Management, CRM）、生产管理系统等。每个系统中的数据都有其自身的数据结构和数据格式，数据的录入和更新也可能存在差异。这种相同数据信息的多源头输入和修改，很容易造成关键业务数据质量不高，需要人工协助进行判断和清理。

（二）数据协同挑战

数据协同挑战主要体现在标准链路和管理机制两个方面。

一方面，业财的各个部门的专业管理视角并不相同，且管理对象的颗粒度参差不齐，描述方式也不统一，导致数据标准存在一定壁垒。因而业财部门分头搭建的管理系统在数据链路上很容易出现断点和堵点，使得业财专业数据之间不能有效衔接，导致数据跨部门和跨系统难以实现融合和共享。

另一方面，由于全面的数字化是一个过程，在达到终极完善之前，企业或多或少都会存在数据处理链路和数据关联关系不健全、数据认责机制不清晰等情况，导致难以排查问题所在或找不到责任人，从而无法确保跨部门数据的可靠性和准确性，给数据的协同共享增加难度。

（三）数据赋能挑战

数据赋能最终要落实在场景应用和决策支撑上。尽管企业对于数据应用给予了广泛关注，但多数企业仍然集中在相对宏观的经营分析上，数据应用情景简单，对更多可以细化、可落地数据的应用场景参与不多，难以实现数据的价值。同时，虽然现在许多企业拥有大量的数据，但是对于业务动因分析与业务关联性分析还主要停留在经验层面，业财数据分析尚不能直接为企业的经营决策提出可执行的建议。

二、业财数据融合路径

企业会计转型背景下，技财融合与业务融合理念成为管理会计发展的方向指引，而技财融合与业财融合并非相互独立，而是协同并行，依靠技术来实现业财数据融合不失为一项良好选择。以数据融合为主线的业财融合，首先需要以企业经营、管理价值信息的识别为起点，建立企业级的业财数据图谱。在建立数据图谱的基础上，企业可以进一步依托数字化技术手段推动价值信息的协同共享，实现数据资源积累沉淀。最终通过价值信息的输出，支撑企业的业务经营与管理提升。

（一）业务数据化

业务数据化是指将业务过程中产生的各种原始信息记录转化为数据的过程。在企业实际经营管理中，并非所有业务操作与痕迹都具有价值，企业需要识别、提取具有分析意义和管理价值的业务记录，形成业务数据，实现业务数据化。因此，在业财数据融合过程中，首要步骤是明确业财数据需求，描述数据全过程，并通过有效的基础数据链接形成企业级数据图谱，为后续形成企业级数据资产奠定基础。

首先，管理需求分析梳理是业财数据融合的基础，企业需要从财务报表、管理报表、内外部监管及考核要求等经营实际出发，梳理业财管理涉及的主体、指标、维度、数据链路现状等事项。例如，企业在战略、收入成本、风险、可持续发展等方面所涉及的业财场景、管控措施等，可以通过管理需求分析梳理进行总结。

其次，基于业财管理需求，进一步细化业务场景，直至能够定位涉及的最底层业务范围及相关系统，并进一步层层穿透至业务单据等数据载体及载体字段。例如，领料单—原材料金额等，需要清晰描述从业务源端到财务记录的业财全过程。通过业务场景"元素化解构"，企业可以更加清晰地了解业务数据的来源和整个业务流程，为后续的数据整合和分析打下坚实的基础。

最后，基于业务场景"元素化解构"，企业需要规范各类单据的数据字段，并建立企业跨部门、跨专业共同遵循的数据载体管理规范。通过数据载体，企业可以建立完整的基础数据链接关系，实现数据对象的自动溯源。同时，基于数据载体建立完整的基础数据链接关系，可以帮助企业更好地理解业务数据之间的联系和关系，为企业级数据图谱的建立提供重要支持。

（二）数据资产化

在数据融合过程中，建立数据标准是实现数据共享和互用的重要保障，而数据标准的建立又需要以数据需求为基础，通过构建数据模型和标准体系的方法进行实现。数据标准的建立需要遵循一定的原则，包括一致性、全面性、可扩展性和可维护性等，以确保数据的准确性、完整性和可靠性。

在建立数据标准框架体系时，企业需要明确不同级别的数据标准，从基础公共标准到业务专用标准，通过分类构建的方法将标准化的数据模型应用到各个业务领域，实现数据在不同领域的共享。基础公共标准框架是各部门共同遵循的标准框架，包括数据分类、数据格式、数据命名规则等，而业务专用标准框架则是根据业务需求，建立专门的数据模型和标准体系。

在分类构建数据标准时，企业需要基于数据图谱梳理的数据关系和链路，对各业务领域的数据进行分类和整合，识别出关键数据信息，明确数据的含义、口径和关联关系，以便数据在不同领域实现共享。数据标准的建立需要满足数据的全生命周期，包括数据的生成、变更、共享和退出等各个阶段，确保数据的稳定性和可靠性。

在设计数据模型时，需要结合业务需求和数据标准，对数据进行分析、抽象和组织，形成一种数据的逻辑模型，从而实现数据的操作和管理。数据模型通常分为概念模型、逻辑模型和物理模型三个层次，其中概念模型用于描述数据的实体和关系，逻辑模型用于描述数据的结构和操作，物理模型则用于描述数据在数据库中的实际存储方式。通过数据模型的设计，企业可以实现对数据的规范管理和操作，从而提高数据的质量和效率。

最后，企业需要通过流程规范、系统新建及优化等措施，支撑数据资产框架体系、数据标准及数据模型的落地，从而真正实现价值信息的沉淀，形成业财部门共享、共用的数据资产。企业可以通过数据治理等手段，对数据进行管理和优化，确保数据的质量和可靠性，从而提升企业的业务经营和管理水平。

（三）资产价值化

数据深度融合是企业进行业财数据共享实践的关键，深入挖掘数据资产价值，可以帮助企业实现更加高效的业务运行和管理。为了实现数据资产的价值化，企业需要将实际管理需求作为基础，以数据分析应用体系为核心，建立起完善的数据分析应用体系，以提高数据资产的利用价值。同时，对于典型应用场景可以开展点状场景建设，以满足特定业务领域的数据需求，从而实现灵活的数据输出方式，为业务运行和管理提供更加优质的数据支持。

在数据资产价值化的过程中，企业应重视数据分析应用体系的建设，通过各种数据挖掘和分析技术，对业务数据进行深度挖掘和分析，从而发掘出更多的信息和价值。同时，企业应注重数据的传递和共享，将数据传递给正确的人，让他们在正确的时间得到数据，以实现更加高效的数据管理和应用。

此外，企业还可以开展点状场景建设，形成针对特定业务领域的数据输出方式，以满足业务运行和管理的需求。点状场景建设的目的是通过针对特定的业务场景进行数据深度挖掘和分析，从而实现数据的高效输出，为企业的业务运行和管理提供更加优质的数据支持。

三、基于数据共享的业财融合实践路径

基于数据共享的业财融合实践可从以下三个方面入手。

（一）围绕业务主线抽取业财数据元素

对于实现业财管理的融合，数据共享是关键。围绕业务主线抽取业财数据元素是实现数据共享的首要步骤，能够帮助企业将经营过程中的价值数据转化为可用的数字资产，以促进业务发展。

在实践中，企业需要从财务会计信息出发，对经营要素与经营活动进行数字化描述，抽取业财数据元素。从每一笔会计凭证记录出发，企业需要向前追溯形成端到端的业务场景，以此抽绎并明确管理对象，进一步分类构建业务标签，并规范制定权责机制，以清晰描述从业务源端到财务末端的价值数据。

首先，企业需要抽绎明确管理对象。企业首先需要建立组织，招聘员工，从供应商处采购设备等生产资料，经过生产形成产品或服务，最后通过产品服务的销售获取利润、创造价值，实现持续发展。基于以上

分析，结合战略发展要求，企业将经营过程中价值创造的最小单元和资源消耗的最小单元归纳为6类数据管理对象：组织机构、员工、设备、客户、供应商与产品服务。对于每个数据管理对象，企业需要确定与其相关的经济事项，以明确数据管理对象的数据属性。

其次，企业需要分类构建业务标签。围绕各类管理对象的相关数据，企业需要统一各业务部门对同一经济事项的业务分类口径，构建初始状态标签和交易过程标签两大类业务标签。通过初始状态标签中的公共属性唯一识别、客观描述管理对象，并设置基于业务实际管理需要、可灵活设置及拓展的业务属性。企业需要确保每个业务标签能够准确、全面、可重复地描述业务过程，避免数据重复、信息不完整等问题，以保证数据的准确性与完整性。

最后，企业需要规范制定权责机制。在明确数据管理对象、建立业务标签的基础上，针对类别不同、源头不同、体量不同的业务及财务数据，企业需要开展数据定源定责工作，推动数据资源目录、质量治理和共享应用等管理工作，促进跨专业数据共享，落实管理责任，推动业财数据的同源维护与整合复用。

（二）基于链路贯通推动数据资产沉淀

在实践业财数据共享方面，企业需要制定企业级业财共同行动的行为准则，通过强化数据从录入到输出的全流程、全链路管控，加强数据的在线实时获取，避免业财数据的"前清后乱"，以此挖掘数据资产的价值，促进业财管理的融合，实现价值信息的高效输出。

企业在实践业财数据共享方面，需要从6类管理对象入手，这6类对象包括组织机构、员工、设备、客户、供应商与产品服务。企业需要对每一类管理对象进行详细分析，明确每一类对象的数据属性、数据流转路径和关联关系。在这个基础上，企业可以分类构建业务标签，将数据按照统一的分类口径进行分类和归集，以此规范业财数据的管理和使用。

　　围绕这些管理对象和业务标签，企业可以在项目执行、设备维护、客户服务、组织绩效与生态创新等方面推动业财数据协同。

　　在项目执行方面，企业需要规范前端业务的数据录入，确保项目价值标签能够从项目储备环节自动传递至项目成本记录。通过建立工程概算与工作分解结构（Work Breakdown Structure, WBS）架构对应规则，企业可以实现每一笔资本性开支的归集，包括物料、资产、设备等对应关系的建立，以及项目建设成本费用明细与WBS架构对应规则的设定。这样一来，每一项工作的成本开支都能够按项目类别细分、预期回报领域、项目投向等核心维度精准反映。例如，假设一家房地产开发企业要开发一栋高层住宅，通过前期的数据准备和规范录入，能够在后期将成本开支精准地归集到该项目中，并将其按照投资回报领域、物料、设备等核心维度进行分类统计和分析，以便企业管理层对项目的经营状况做出精准判断。

　　在设备维护方面，企业需要建立主数据管理规则，将工单与采购订单、领料单等数据进行线上强关联。通过业务前端准确维护工单业务活动、专业细分、设备信息等数据，企业可以确保维修工单与作业类型、资产类型等维度的准确对应。企业还需要对维修开支按业务活动、资产类型等核心维度进行自动归集和反映，为企业管理层提供立体、丰富的评价基础。例如，假设一家生产型企业在设备维护方面的数据规范化能够实现设备的精细化管理，通过设备工单的管理、维修费用的统计和设备使用情况的监测，企业可以更好地了解设备的使用情况、保养情况和损耗情况，及时进行设备的维修和更换，确保生产设备的正常运行。

　　在客户服务方面，企业通过实现收入成本数据的匹配贯通，建立一本完整的客户服务经济账；在收入方面，通过推动业财数据在统一销售账务科目、管理对象和管理维度下的贯通链路，实现数据的分类归集；在成本方面，通过规范销售开支分类，按业务活动、客户类别等维度建立各项支出与客户的关联，从而精准归集客户服务成本数据。举例来说，一个电商平台可以将销售账务科目分为产品销售、广告收入、会员服务等，将销售数据按照产品类别、广告渠道、会员等级等维度进行分类和归集。同时，企业也可以规范成本侧的数据，按照业务活动、客户类别等维度建立各项支出与客户关联，实现客户服务成本数据的精准归集。

在组织绩效方面，企业围绕组织机构与员工的关联关系，可以制定一套贯通整个企业的员工薪酬与费用报销管理规则，将每一笔薪酬和费用按照业务活动、经营单元、成本中心等维度精准归集。为实施精准激励提供数据资源，实现每一级经营单位的资源消耗和价值贡献的准确计量，推动人力资源的优化配置。例如，企业可以将员工薪酬分为基本工资、绩效奖金、福利津贴等，将薪酬按照部门、职位等维度进行分类和归集。同时，企业还可以规范费用报销流程，如将差旅费、会议费等按照事由、部门等维度进行分类和归集。这样一来，企业可以清晰地了解每个部门、每个员工的资源消耗和价值贡献，进而实现人力资源的配置优化。

在生态创新方面，企业可以依托开放的系统架构，通过设备、产品与服务数据的连接来促进客户与供应商之间的频繁互动。通过数据要素的流通来推动其他生产要素的流通，激发协同效应，积累更多的内外部融合的数据资产，从而构建更多的数据应用，提高市场竞争力，实现价值共赢。

（三）以数据应用赋能企业经营管理

企业在建立完善的数据资产体系后，需要将这些数据应用于实际的业务经营管理中，以提升企业的效率和竞争力。为此，企业可以基于已有的数据资产，逐步搭建智慧共享平台，并根据不同的使用场景，形成多种数据应用。

首先，企业可以面向全体用户构建共享服务应用，如通用报账、发票服务、商旅应用等。这些应用的主要目的是强化财务部门对业务的服务职能，提供全方位的支持，让业务部门的工作更加高效、便捷。比如，通用报账应用可以方便员工在手机上提交费用报销申请，财务部门可以通过该应用实现在线审批，大大缩短了报销流程的处理时间，提升了员工的工作体验。

其次，企业可以面向业务部门用户构建业财协同应用，如交易应用、人力资源应用等。这些应用主要是为了强化端到端业财流程与数据一体化管控，提高业务部门与财务部门之间的协同效率。例如，交易应用可以帮助销售人员在客户拜访时及时了解客户的历史交易记录、应收账款等信息，从而更好地把握市场趋势，实现销售业绩的提升。

最后，企业可以为财务部门用户构建专业支撑应用，如会计核算、资金管理等。这些应用可以帮助财务人员更好地处理财务核算、现金流管理等专业工作，提高工作效率和准确性。例如，会计核算应用可以实现自动化的账务处理，大大减少了人工干预的时间和错误率，提高了工作效率。

总之，数字时代，业财融合是顺应企业发展的必然产物，通过数据融合深化业财融合是众多企业为谋求自身发展、管理创新采取的科学实践。但时代在发展、技术在进步、市场在变化，业财融合作为企业经营管理的重要手段，其意义与实现方式也势必将随环境变化而逐步发展。因此，推动以数据为主线的业财数据共享是企业在数字化时代实践业财融合的必由之路。以数据共享为主线的业财融合应当以企业经营、管理价值信息的识别为起点，建立企业级的业财数据图谱；进一步依托数字化技术手段推动价值信息的协同共享，实现数据资源积累沉淀。最终通过价值信息的输出，支撑企业的业务经营与管理提升。

第六章　企业管理会计人财融合数字化实践

企业管理会计人财融合数字化实践，是当前企业会计转型的重要实践路径。人财融合、数字化绩效管理体系建设、数字化管理会计人员培养是企业管理会计发展的重要手段。本章将深入探讨人财融合的内涵和促进管理会计发展的作用，介绍企业数字化绩效管理体系的建设路径，以及数字化管理会计人员培养的目标、培训内容和方法。

第一节　人财融合是管理会计发展的基础

一、人财融合的内涵

人财融合是指人力资源和财务资源在企业管理中的有机结合。它强调在企业管理中，人力资源和财务资源的整合不仅仅是单纯的人力资源与财务资源之间的简单堆积，而是要实现二者的相互作用和协同发展。人财融合的内涵主要包括两个方面：一是人力资源管理和财务管理的融合；二是企业成员的行为与管理会计数据融合。

（一）人力资源管理和财务管理的融合

企业管理中，人力资源管理和财务管理是两个重要的管理领域，二者之间的紧密结合可以形成相互支撑、相互促进的管理体系。

人力资源管理和财务管理的融合是指将两个不同的管理领域中的概念、方法和工具结合起来，以实现组织的战略目标。在现代企业中，人力资源管理和财务管理都是至关重要的管理职能，二者之间的融合可以帮助企业更好地管理人力资源，优化资金使用，提高组织绩效。

企业人力资源管理和财务管理融合包括以下几个方面。

1. 人力资源成本控制

人力资源成本是企业运营中的重要支出，包括员工薪酬、福利、培训等费用。在人力资源成本控制方面，财务管理可以帮助人力资源管理者制定合理的预算，并对成本进行严格核算。此外，财务管理还可以通过对人力资源成本的分析和评估，为人力资源部门提供优化建议，如调整人员结构、优化招聘渠道等，从而在确保员工福利和工作条件的前提下，实现成本控制和节约。

2. 绩效管理

绩效管理是衡量员工工作表现的重要手段。财务管理可以为人力资源管理者提供客观、准确的绩效数据，有助于更好地评估员工的工作表现。通过对绩效数据的分析，人力资源管理者可以发现员工的优势和不足，制定相应的培训和激励措施。同时，财务管理还可以协助人力资源部门制定合理的绩效目标和奖励计划，以提高员工绩效和激励。

3. 薪酬管理

薪酬管理是企业吸引和留住优秀人才的关键。通过财务管理的支持，人力资源管理者可以进行薪酬水平分析、绩效奖励分析等，以确保员工薪酬公正、合理，且符合公司战略。财务管理还可以帮助企业分析行业薪酬标准和竞争对手的薪酬水平，为人力资源部门制定合理的薪酬制度提供参考。

4. 风险管理

风险管理涉及识别和应对与员工相关的潜在风险。财务管理可以帮助人力资源管理者评估企业的财务风险，如资金流量和利润预测。通过这些信息，人力资源管理者可以更好地规划招聘、培训和离职计划，保障公司的风险最小化。此外，财务管理还可以为人力资源部门提供关于员工福利、薪酬结构等方面的风险预警，以便采取相应的应对措施。

5. 员工管理

了解公司的财务状况和发展趋势对于员工管理具有重要意义。财务管理可以为人力资源管理者提供公司财务状况和未来发展的详细信息，包括营收、现金流等关键财务指标。这有助于人力资源管理者制定更为明智的员工管理决策，如招聘、晋升、离职等。人力资源管理者还可以根据企业的财务状况和发展趋势，调整员工队伍结构，以满足企业战略需求。例如，在企业发展迅速的阶段，可能需要增加员工数量以应对业务扩张；在企业遇到困难时，可能需要调整人员结构以降低成本。

总之，企业人力资源管理和财务管理融合可以为企业提供更加全面和准确的决策依据。通过紧密结合两个领域的优势，企业可以更好地应对市场变化，提高竞争力，实现可持续发展。

（二）企业成员的行为与管理会计数据融合

企业成员包括高管、各级经理和普通员工，员工是企业的重要资源，他们的积极参与和贡献对企业的财务管理有着重要的影响。企业需要从管理会计数据中挖掘出企业成员的行为模式，即在管理会计数据与企业成员奖惩挂钩的情况下观察业绩指标所诱发的企业成员的行为。

人财融合背景下，管理会计数据重点体现业绩指标，与企业成员的奖惩体系挂钩可以对企业成员的行为产生重要的影响。在这种情况下，业绩指标所诱发的企业成员的行为可能是正向的，也可能是负向的。

一方面，业绩指标是企业评估绩效的一项重要指标，其所诱发的企业成员的正向行为如下：一是提高工作效率。业绩指标明确了企业的目标和要求，企业成员会更加清楚自己的工作职责和任务，从而更加专注和高效地完成工作。二是增强责任感。业绩指标使企业成员对企业目标和成果产生更强的归属感和责任感，从而更加努力地为企业的成功贡献力量。三是鼓励创新。业绩指标鼓励企业成员在实现业绩目标的同时，寻找更加高效的工作方式和创新的解决方案，推动企业不断进步和发展。四是强化团队协作。业绩指标通常是集体完成的，需要各个部门之间的协作。因此，业绩指标的设定和实现过程中，企业成员之间的协作能力得到锻炼和提高，从而增强团队协作的精神和能力。五是提高业绩水平。业绩指标的实现是企业业绩的体现，企业成员通过实现业绩指标能够提高自己的绩效水平，进而提高企业的业绩水平，实现个人和企业共赢的目标。

另一方面，业绩指标所诱发的企业成员的负向行为如下：一是目标设定行为。企业成员可能会通过设定业绩目标来达到奖励的目的。如果目标设置不当，可能会导致成员为了达成目标而采取不恰当的手段，如夸大业绩数据或者暂时性地提高短期收益而牺牲长期利益。二是报告行为。企业成员可能会通过报告业绩数据来获得奖励。如果奖励是基于报告数据的，那么成员可能会夸大数据，隐瞒问题或者采用其他不当的方式来提高业绩数据。三是评估行为。企业成员可能会通过评估其他成员的业绩来获得奖励。如果奖励是基于评估结果的，那么成员可能会互相评价，或者采用其他不当的方式来提高自己的评估结果。四是风险管理行为。企业成员可能会在考虑风险时改变自己的行为。如果奖励是与风险相关的，那么成员可能会采取更激进的行动，以获得更高的奖励。

总之，观察业绩指标所诱发的企业成员行为需要考虑奖惩机制以及管理会计数据的影响。企业应确保奖励体系是合理的，业绩指标是可衡量的，同时对可能导致不当行为的因素进行监控和控制。

二、人财融合促进管理会计发展

（一）人力资源管理与财务管理融合促进管理会计发展

人力资源管理和财务管理都是管理会计发展的基础要素，二者的融合可以促进管理会计的发展。

首先，人力资源管理和财务管理在成本控制和效率方面的融合，有助于企业整体提高运营效益。在人力资源管理方面，招聘、培训和激励等环节都会涉及成本。通过优化招聘流程，企业可以降低招聘成本，同时提高招聘质量，以确保新员工能够快速融入企业并产生价值。培训方面，有针对性的培训计划有助于提高员工的技能和素质，进而提高工作效率。通过合理的激励制度，企业可以调动员工的积极性，从而提高整体绩效。在财务管理方面，成本控制、资本结构和投资决策等因素对企业效率产生重要影响。成本控制可以帮助企业降低运营成本，提高盈利能力。合理的资本结构可以确保企业充分利用各种融资渠道，降低融资成本。明智的投资决策可以帮助企业实现资本的有效利用，提高投资回报率。将人力资源管理和财务管理结合，企业可以在人力成本和财务成本方面取得更好的平衡，提高整体运营效率。此外，这种融合还有助于企业更好地应对市场变化，调整战略，实现可持续发展。

其次，人力资源管理和财务管理在企业战略方面的融合，有助于企业更好地制定和实施战略。人力资源管理在企业战略中起到关键作用，需要确保企业拥有足够的人才和能力来实现战略目标。通过制定人才培养计划、搭建合适的组织结构和优化员工激励机制，人力资源管理可以提供强有力的人力支持，助力企业战略的实现。在财务管理方面，战略决策需要财务支持和分析。合理的财务预算、资金筹措和投资决策等，可以为企业战略提供有力保障。财务管理还可以通过对企业财务状况的分析，提供战略建议，帮助企业调整战略方向。将人力资源管理和财务管理融合，企业可以在战略制定和执行过程中实现更高的协同效应。这种融合可以确保企业战略目标与员工激励、组织结构以及财务规划等方面紧密结合，从而提高战略实施的成功率。

最后，在数据和分析方面，人力资源管理和财务管理的融合可以提高企业数据分析的准确性和有效性。人力资源管理需要收集和分析大量与员工相关的数据，如员工绩效、能力、潜力等。这些数据可以帮助企业更好地了解员工需求，优化人力资源政策，提高员工满意度和工作效率。财务管理则需要收集和分析企业的财务数据，如收入、支出、资产、负债等。这些数据对于制定财务预算、控制成本、优化资本结构等方面具有重要指导意义。对财务数据的深入分析还可以帮助企业发现潜在的风险和机会，为决策提供有力支持。将人力资源管理和财务管理的数据分析相结合，企业可以更好地利用数据来指导管理决策。例如，通过将员工绩效数据与财务数据相结合，企业可以更准确地评估各部门的盈利能力，从而优化资源分配。此外，这种融合还有助于企业更好地利用大数据、人工智能等技术，提高数据分析的效率和智能化程度。

总之，人力资源管理和财务管理的融合对于管理会计的发展具有重要意义。它们都是管理会计中的关键要素，可以帮助企业更好地管理成本和效率、制定和实施战略，以及利用数据和分析来指导管理决策和行动。这种融合有助于企业在激烈的市场竞争中保持竞争力，实现可持续发展。

（二）企业成员的行为与管理会计数据融合促进管理会计发展

企业成员的行为与管理会计数据的融合对管理会计发展具有重要意义。通过将行为数据与管理会计数据相结合，企业可以更好地理解员工行为对企业绩效的影响，从而制定更有效的管理策略。以下几个方面详细论述了企业成员行为与管理会计数据融合是如何促进管理会计发展的。

1. 提高决策质量

企业成员的行为数据与管理会计数据的融合有助于企业更全面地了解员工行为对业务运营和财务状况的影响。首先，员工行为数据可以为企业提供关于员工参与度、满意度、沟通效果等方面的信息。这些信息有助于企业深入了解员工的需求、期望和痛点，从而在制定战略决策时能够充分考虑员工的心理和情感因素。其次，管理会计数据提供了关于企业财务状况、成本结构、利润来源等方面的重要信息。通过将这两类数据相结合，企业可以更精确地分析员工行为对企业绩效的影响，从而制定更具针对性和有效性的管理策略和措施。最后，融合行为数据和管理会计数据还有助于企业更好地评估各种决策方案的可行性和效果。例如，在考虑调整薪酬结构时，企业可以通过分析员工行为数据，预测调整后员工的满意度、离职率等变化，进而评估调整方案对企业财务状况的影响。这种全面的决策分析有助于企业避免盲目决策和陷入决策困境，从而提高决策质量。

2. 强化绩效管理

通过将企业成员的行为数据与管理会计数据相结合，企业可以更好地评估员工的工作绩效，从而制定恰当的激励和奖励机制。行为数据可以帮助企业了解员工的工作态度、协作能力、创新意识等软性指标，而管理会计数据则可以反映员工对企业财务绩效的贡献。将这两类数据相结合，企业可以建立一个更加全面和公正的绩效评价体系，从而有效激发员工的积极性和创造力。此外，这种融合还有助于企业识别低效的工作过程和行为模式。通过对员工行为数据和管理会计数据的深入分析，企业可以发现影响绩效的关键因素和潜在问题，为企业优化管理流程、提高组织效率和整体绩效提供了有力支持。

3. 改进风险管理

企业成员的行为数据与管理会计数据的融合有助于企业识别潜在的内部风险。例如，企业可以通过分析员工的行为数据，发现可能导致财务风险的不当行为，如财务造假、内部盗窃等。这有助于企业及时采取适当的预防措施，降低潜在损失。此外，员工行为数据还可以帮助企业发现潜在的人力资源风险，如员工满意度低、离职率高等。这为企业提供了有力支持，以改进员工福利政策、优化人力资源配置、提高员工稳定性和忠诚度。同时，管理会计数据可以帮助企业了解财务状况、市场风险、竞争环境等方面的信息。通过将这两类数据相结合，企业可以更好地识别和评估潜在风险，从而采取有效的风险管理措施，降低企业面临的不确定性和损失。

4. 优化成本控制

企业成员的行为数据与管理会计数据的融合有助于企业更好地控制成本。通过分析员工的行为数据，企业可以识别可能导致成本增加的行为模式，如低效的工作习惯、浪费资源等。这为企业提供了有力支持，以制定相应的改进策略，从而降低成本，提高效率。同时，管理会计数据可以帮助企业了解成本结构、利润来源、投资回报等方面的信息。通过将这两类数据相结合，企业可以更精确地分析各项成本的性质和影响，从而制定合理的成本控制措施，实现优化资源配置和提高盈利能力。

5. 促进组织文化建设

企业成员的行为数据与管理会计数据的融合有助于企业培养以绩效为导向的组织文化。通过对员工行为的跟踪和分析，企业可以鼓励员工追求卓越业绩，从而实现企业价值最大化。这种绩效导向的文化可以激发员工的积极性和创造力，提高员工对企业目标的认同感和参与度。同时，这种融合还有助于企业发现和培育潜力员工，通过对员工行为和绩效的持续监测和分析，企业可以识别具有领导潜质和高绩效的员工，为他们提供更多的发展机会和激励措施。这样可以增强员工对企业的忠诚度，提高企业的人才储备和竞争力。

6. 支持持续改进

企业成员的行为数据与管理会计数据的融合为企业提供了有关员工行为和绩效的实时反馈，从而支持持续改进。通过对这些数据的持续监控和分析，企业可以不断调整管理策略和流程，以提高员工满意度和企业绩效。

例如，企业可以根据员工行为数据识别低效的工作流程，然后通过改进这些流程来提高工作效率。此外，企业还可以通过分析管理会计数据，发现成本过高、利润较低的业务领域，从而采取有效措施降低成本、提高盈利能力。这种持续改进的过程有助于企业在不断变化的市场环境中保持竞争力和持续发展。

第二节 企业数字化绩效管理体系建设

一、数字化绩效管理体系建设的必要性

企业数字化绩效管理体系是指通过运用数字技术和信息系统对企业绩效进行全面、实时、精确的管理与分析，从而为企业决策者提供有力支持的一种管理方式。随着数字化技术的普及和发展，越来越多的企业开始认识到数字化绩效管理体系的建设是必要的。

首先，数字化绩效管理体系能够提高企业的效率和效益。数字化绩效管理体系通过数字化的方式，将员工的绩效数据进行集中管理和分析，使企业更好地了解员工的工作状况和业绩。企业可以从中识别出高效和低效的员工，并对他们进行更加精细化的管理。数字化绩效管理体系可以帮助企业更加科学地进行目标制定、任务分配、绩效考核等工作，从而提高企业的效率和效益。数字化绩效管理体系能够帮助企业精准地制定绩效考核标准，让员工清晰地了解自己的工作目标和绩效评价标准，提高员工的工作动力和积极性。数字化绩效管理体系还可以通过数据分析，为企业提供更加准确的业务决策依据，提高企业的运营效率和竞争力。

其次，数字化绩效管理体系能够促进员工的自我管理和自我提升。数字化绩效管理体系通过数字化的方式，让员工更加清晰地了解自己的工作状况和绩效表现，从而使其针对自身存在的问题进行改进和提升。数字化绩效管理体系可以通过数据的展示和反馈，激发员工的积极性和创造力，促进员工的自我管理和自我提升。数字化绩效管理体系还可以为员工提供更加智能的学习和成长机会，让员工在工作中不断成长，进而提高个人能力和绩效水平。

最后，数字化绩效管理体系能够帮助企业实现高效的人力资源管理。数字化绩效管理体系可以帮助企业更加科学地进行人才招聘、培养和留用。通过数字化的方式收集和分析员工的绩效数据，企业可以更加全面地了解员工的能力和潜力，并针对不同的员工采取不同的培养和激励方式。数字化绩效管理体系可以帮助企业实现高效的绩效考核和激励，从而吸引和留住优秀的人才。数字化绩效管理体系还可以为企业提供更加全面、准确的人力资源数据分析，帮助企业制订更加科学合理的人才引进和员工培训计划，提高员工绩效和团队战斗力。

总之，数字化绩效管理体系的建设，不仅能够提高企业的效率和效益，还能促进员工的自我管理和自我提升，实现高效的人力资源管理。在数字化时代，建立数字化绩效管理体系已经成为企业创新发展的必要手段。

二、企业数字化绩效管理体系的构建路径

企业数字化绩效管理体系的构建需要制定一些策略，以确保体系的顺利实施和有效推广。

（一）明确目标和指标体系

企业数字化绩效管理体系的建设需要从明确目标和指标体系开始。企业应该制定与业务战略和目标相一致的绩效指标，明确每个指标的权重和目标值，并将其与每个员工的职责和目标进行关联。

首先，企业需要明确业务战略和目标。这将为绩效管理体系的建设提供方向。这一阶段需要高层领导的参与和支持，以确保业务战略和目标能够体现企业的理念和市场定位。

其次，企业要设计指标体系。在明确业务战略和目标的基础上，企业需要设计一个与之相适应的指标体系。这个体系应该包括关键绩效指标（Key Performance Index, KPI）和关键结果区域（Key Result Areas, KRA），以评估企业在实现业务战略和目标方面的表现。KPI是量化的

指标，用于衡量关键业务结果，而 KRA 是描述性的，用于衡量关键业务过程。举例来说，如果企业的业务目标是提高销售额和客户满意度，对应的指标体系可以是销售额增长率、客户满意度得分等。对于销售人员，可以将销售额增长率和客户满意度得分作为其绩效考核指标。

再次，企业要进行权重和目标值设定。为了确保绩效管理体系的公平性和激励作用，企业需要为每个指标设定权重和目标值。权重是指每个指标在绩效考核中的相对重要性，目标值是指预期的绩效水平。这些权重和目标值应根据企业的具体情况和市场环境进行设定，同时需要定期进行调整，以适应不断变化的业务需求。

最后，员工职责和目标关联。企业需要将指标体系与每个员工的职责和目标进行关联，以确保员工的工作与企业的整体战略和目标保持一致。对于不同层级和职能的员工，可以设定不同的权重和目标值，以激发其潜能。例如，销售人员的绩效考核指标可以包括销售额增长率和客户满意度得分，而运营人员的绩效考核指标可以包括库存周转率和订单履约率等。

（二）引入数字化工具和平台

引入数字化工具和平台是数字化绩效管理体系建设的关键一环。企业可以依托现有的人力资源系统或者专门的绩效管理平台，实现员工绩效数据的自动化采集、计算、分析和反馈。例如，专门的绩效管理平台，可以通过人工智能和大数据分析等技术手段自动化地采集员工的绩效数据，快速生成绩效报告和分析结果，并提供数据可视化和报表分析功能，让企业更好地了解员工的绩效表现和业务状况。

在引入数字化工具和平台时，企业应考虑以下几个关键步骤。

第一，评估现有人力资源系统和流程。在选择数字化工具和平台之前，企业应评估现有的人力资源系统和流程，了解其优缺点以及其是否能够满足绩效管理的需求。这将有助于企业确定需要引入的工具和平台的功能范围和性能要求。

第二，选择合适的数字化工具和平台。根据评估结果，企业可以选择最适合其需求的数字化工具和平台。这些工具和平台可以分为两类：一类是通用的人力资源系统，这些系统通常包含绩效管理模块；另一类是专门的绩效管理平台，这些平台专注于提供绩效管理功能。选择合适的数字化工具和平台要考虑数字化工具和平台与其他部门信息系统的衔接性。为确保数据流畅地在不同系统间传输，企业需要在选择数字化工具和平台时，评估所选择数字化工具和平台与现有信息系统的兼容性。确保所选工具和平台可以与企业现有的 CRM、ERP、财务等系统顺畅对接，便于数据传输和整合。为实现不同系统之间的数据传输，需要设计和开发数据接口。数据接口应遵循通用的数据交换标准，以确保数据在不同系统间的顺畅传输。

第三，数字化工具和平台的持续改进。这一点是确保其与企业发展需求保持同步的关键。为此，企业需要鼓励员工提供关于数字化工具和平台使用的反馈，包括使用体验、功能需求和潜在问题等。员工是系统的主要使用者，他们的反馈将有助于找到改进点。同时，企业可定期评估数字化工具和平台的性能、稳定性和满足度。这可以通过内部审计、用户调查或数据分析等方式实现。评估结果将为后续的优化和改进提供依据。另外，企业还要与数字化工具和平台的供应商保持良好的合作关系。供应商可以提供专业的技术支持和服务，帮助企业解决使用过程中遇到的问题。同时，企业可以向供应商反馈需求和建议，推动供应商持续改进产品。

（三）加强员工培训和意识宣传

企业数字化绩效管理体系的成功实施需要得到员工的积极配合和参与。因此，企业需要通过员工培训和意识宣传，提高员工对数字化绩效管理体系的认知和理解，促进员工对数字化绩效管理体系的积极参与。

首先，企业需要通过各种形式的培训，让员工全面了解数字化绩效管理体系的构建目的、实施过程和相关操作方法。培训内容可以包括数字化绩效管理体系的概念、原理和操作流程等方面。此外，还可以针对不同职能部门的员工，提供专业化的数字化绩效管理培训，以提高员工对数字化绩效管理的理解和掌握。

其次，企业需要通过宣传和奖励机制，促进员工对数字化绩效管理体系的积极参与和推广。宣传可以通过企业内部通信、企业网站、宣传展板等形式进行，宣传内容可以包括数字化绩效管理体系的建设进展、数字化绩效管理体系的重要性以及员工对数字化绩效管理体系的贡献等。此外，企业可以建立奖励机制，鼓励员工在数字化绩效管理体系中的积极表现和创新贡献，如评选数字化绩效管理体系先进个人、优秀团队等。

最后，企业需要通过管理层的示范作用，引领企业员工对数字化绩效管理体系的认知。企业管理层应该充分认识到数字化绩效管理体系对企业管理和发展的重要性，积极参与数字化绩效管理体系的推广和实施。同时，企业管理层还应加强对数字化绩效管理体系的重视和宣传，营造全员参与数字化绩效管理体系建设的氛围。

三、企业数字化绩效管理体系的建设案例

某大型跨国公司在全球范围内开展业务，拥有大量员工和复杂的业务流程。为了提高绩效管理效率、确保评价公平性和透明度、优化激励机制，公司决定推广应用数字化绩效管理体系。

（一）实践过程

公司选择了一个功能强大且易于使用的绩效管理软件平台，该平台支持多种语言、多个时区和多种货币，方便全球范围内的员工使用。然后根据各部门的业务需求和战略目标，为每个员工设定了具体的绩效目标，并采用财务和非财务指标衡量员工的工作表现。通过绩效管理软件平台，公司实现了绩效数据的自动化收集、分析和呈现。此外，大数据分析和人工智能技术也被用于挖掘潜在的绩效问题和改进方向。员工可以随时查看自己的绩效评价结果，领导和同事之间也可以进行实时的绩

效反馈和沟通，有助于及时调整工作策略和行为。根据员工的绩效表现、职位和需求，公司设计了一套个性化的激励机制，包括薪酬、奖金、晋升、培训等多种措施。公司利用数字化绩效管理体系，实现了目标管理与员工发展的有机结合。员工可以根据绩效评价结果，调整自己的职业发展计划和培训需求。最后，公司将数字化绩效管理体系与其他人力资源管理模块（如招聘、培训、员工关系等）整合，以提高整体的人力资源管理效率和质量。

（二）应用成果

通过应用数字化绩效管理体系，该公司在全球范围内实现了绩效管理的高效、公平和透明。员工满意度和工作积极性得到显著提高，整体业务绩效也得到了提升。数字化绩效管理体系的成功实践为公司的全球业务拓展提供了有力支持和竞争优势。利用数字化绩效管理体系收集和分析的数据，公司可以更准确地识别优秀员工和有潜力的员工，为人才选拔和晋升提供客观依据。同时，数据驱动的决策有助于优化资源分配和提高管理效率。

数字化绩效管理体系提供了一个统一的平台，方便跨部门员工协同工作，共同实现绩效目标。团队合作得到加强，有助于提高企业的整体业务绩效。公司鼓励员工在数字化绩效管理体系中分享自己的工作经验和改进建议，以实现绩效管理的持续改进。

通过企业数字化绩效管理体系的应用实践，该公司实现了绩效管理的高效、公平和透明，提高了员工的工作积极性和满意度。数字化绩效管理体系的成功应用为公司的全球业务拓展、人才选拔和晋升提供了有力支持，为公司的创新和发展提供了强大动力。

（三）案例启示

通过这个案例，我们可以看出，随着数字化技术的快速发展，企业需要利用这些技术优势改进传统的绩效管理体系，提高绩效管理的效率和质量。数字化绩效管理体系使企业能够更有效地收集、分析和利用绩效数据，为人力资源管理提供数据支持，从而做出更明智、客观的决策。通过应用数字化绩效管理体系，企业可以让员工更清晰地了解自己的绩效情况，提高绩效评价的公平性和透明度，进而提高员工的满意度和工作积极性。同时，数字化绩效管理体系不仅有助于企业设计更为精细化和个性化的激励机制，激发员工的潜能和创造力，为企业创造更大的价值，而且有助于员工更好地了解自己的职业发展需求，制订个性化的职业规划和培训计划，实现个人和企业的共同成长。

此外，数字化绩效管理体系提供了一个统一的平台，方便不同部门之间的协同工作和团队合作，有助于实现企业的整体目标。企业应注重数字化绩效管理体系的持续改进和优化，以适应不断变化的市场环境和企业发展需求。通过推动绩效管理体系的创新，企业可以为自身的发展提供强大动力。

第三节　企业数字化管理会计人员培养

一、会计转型对管理会计人员能力的新要求

在会计转型背景下，企业对管理会计人员的能力要求有了新的变化，特别是在技财融合、业财融合、人财融合的理念下，管理会计人员要具备更加全面和复杂的技能。

技财融合是指技术与财务领域的深度融合，为此，管理会计人员需要具备数字技能、信息系统能力、数据分析能力、创新思维。数字技能指管理会计人员需要掌握各种数字技术，如大数据分析、人工智能、区块链等，以便更好地进行财务数据分析和处理。信息系统能力指管理会计人员要熟悉常用的财务管理系统、业财融合管理会计信息系统等，以便实现信息化管理和数据整合。数据分析能力指管理会计人员要具备数

据挖掘、数据可视化、数据建模等能力，以便从海量数据中提取有价值的信息，为企业决策提供支持。创新思维指管理会计人员要具备创新思维，能够在技财融合的背景下，不断探索新的工具、方法和模式，提高财务管理的效率和效果。

业财融合下，管理会计人员需要具备一定的业务知识和财务技能，以便更好地为企业提供全面的管理支持。具体包括业务知识、财务技能、风险管理意识、客户导向思维、敏锐的市场洞察力、跨部门交流与合作能力等。业务知识指管理会计人员要了解企业的核心业务和市场，理解企业的商业模式和竞争优势，以便为企业提供有针对性的财务支持。财务技能指管理会计人员要具备扎实的财务知识和技能，如成本管理、预算编制、财务分析等，以便进行有效的财务管理和控制。风险管理意识指管理会计人员要具备风险管理意识，能够识别潜在的业务和财务风险，并采取适当的措施进行防范和应对。客户导向思维是指管理会计人员要具备客户导向思维，能够站在企业内部客户的角度，理解其需求，提供高质量的财务服务和解决方案。敏锐的市场洞察力指管理会计人员要具备敏锐的市场洞察力，能够关注行业和市场的最新动态，及时调整自己的工作方式和方法。跨部门交流与合作指管理会计人员要参与跨部门项目，具备良好的沟通和协作能力，能够与各个业务部门进行有效沟通，实现业财之间的协同合作。

人财融合需要管理会计人员具备一定的人力资源管理知识和财务技能，以便更好地为企业提供全面的管理支持。具体能力包括人力资源管理知识、开展绩效管理的能力、持续学习意愿等。人力资源管理知识指管理会计人员要了解人力资源管理的基本原则和方法，如招聘、培训、绩效管理等，以便在财务管理中充分考虑人力资源因素。开展绩效管理的能力是指管理会计人员需要做到监控和分析企业财务状况、人力资源运营情况以及业务发展状况，为企业提供有针对性的改进措施和决策建议。持续学习意愿指管理会计人员要具备持续学习的意愿和能力，不断提升自己的专业技能和素质，以适应技财融合带来的变化和挑战。

二、数字化管理会计人员培养目标

结合会计转型对管理会计人员能力的新要求，管理会计人员需要具备技术、业务和管理等多方面的知识和技能，才能满足数字化时代的财务管理和决策制定需求。因此，数字化管理会计人员培养目标应该包括以下几个方面。

（一）培养数字技术应用能力

数字化管理会计人员需要具备数字技术应用能力，这是数字时代财务管理和决策制定的基础要求。通过数据分析和挖掘发现财务数据中隐藏的信息和规律，能够为企业提供更加精准和有针对性的财务决策和管理建议。企业可以通过开设培训课程和提供在线学习资源等方式，帮助员工掌握相关技术和工具。例如，企业可以为员工提供数据分析和挖掘工具的使用培训，让员工掌握数据处理技术和方法，从而能够更好地分析数据，为企业决策提供支持。

（二）培养跨领域知识和协同能力

现代企业的财务管理已经不再局限于传统的财务会计领域，而是涉及财务、税收、成本、风险管理等管理会计领域。数字化管理会计人员需要具备跨领域的知识和协同能力，能够和其他部门进行有效的沟通和协作，提供全面、高效的会计服务。企业可以通过跨部门培训和交流活动等方式，促进员工间的知识交流和协作能力提升。例如，企业可以组织跨部门的培训课程或者工作坊，让不同领域的员工互相学习，了解不同领域的业务和需求，从而能够更好地协同工作，提供更好的会计服务。

（三）培养创新思维能力

数字化管理会计人员需要具备创新思维能力，能够为企业提供新的解决方案和思路，推动企业在会计领域的变革和发展。企业可以通过组织创新项目、开展思维培训等方式，鼓励员工提出新的想法，推动企业会计管理体系的发展。企业可以鼓励员工尝试新的工作方式和方法，例如，使用新的会计软件或者采用新的会计标准，从而能够更好地适应数字时代的会计管理。

（四）培养业务分析与决策支持能力

数字化管理会计人员需要具备良好的业务分析与决策支持能力，能够熟练掌握数据分析方法和工具，为企业提供更加精准的管理决策。企业可以通过定期的业务分析和决策支持培训，加强对员工的能力培养，提高员工的财务分析能力，为企业决策制定提供有力支持。例如，企业可以定期组织员工参与企业决策制定过程，让员工通过实践来学习和掌握决策制定的方法和技巧，从而能够更好地提高业务分析与决策支持能力。

（五）强化职业素养和管理能力

数字化管理会计人员需要具备良好的职业素养和管理能力，包括团队合作能力、沟通协调能力、领导力等，这些能力对于提升管理会计人员的职业素养和管理水平至关重要。企业可以通过组织团队建设和领导力培训等方式，帮助员工加强这些能力的培养和提升。例如，企业可以组织团队建设活动，让员工通过参与团队合作来学习和掌握团队协作和沟通技巧，从而能够更好地提升职业素养和管理能力。

三、数字化管理会计人员能力培训

数字化管理会计人员的培养需要通过多种方式，包括基础知识继续教育培训、数字技术应用能力培训、跨领域知识培训、创新思维能力培训、业务分析与决策支持能力培训、职业素养和管理能力培训等，全面提升员工的综合素质和能力水平，以适应数字时代会计转型的新要求。

（一）管理会计基础知识继续教育培训

数字化管理会计人员需要具备一定的会计、财务、税务等方面的基础知识，以便更好地运用数字技术进行财务分析和决策支持。因此，企业可以采取多种方法，如开展在线课程、组织线下讲座、实施轮岗等方式，进行数字化管理会计人员的基础知识教育培训。

1. 开展在线课程

企业可以通过开设在线课程的方式，为数字化管理会计人员提供基础知识培训。在线课程有很多优点，如学习时间可自由安排、覆盖范围广等。企业可以利用知名在线教育平台开设课程，让员工在家中学习，学习内容包括财务报表分析、成本管理、预算编制等基础知识。企业还可以邀请专业人士进行线上授课，帮助员工更好地掌握基础知识。

2. 组织线下讲座

企业可以通过组织线下讲座的方式，为数字化管理会计人员提供基础知识培训。线下讲座可以让员工与专家面对面交流，学习效果更加明显。例如，企业可以邀请知名财务专家和税务专家讲座，讲解会计、财务、税务等方面的基础知识和最新政策。

3. 实施轮岗

企业可以通过实施轮岗的方式，让数字化管理会计人员在不同岗位之间进行轮岗，从而获得更丰富的知识和实践经验。例如，企业可以让数字化管理会计人员轮岗到财务部门、成本管理部门、税务部门等不同岗位，从而让他们更好地了解公司的财务和税务管理，提高基础知识的掌握程度和实践能力。

（二）数字技术应用能力培训

数字化管理会计人员需要掌握数据分析、数据挖掘、人工智能、云计算等相关技术，能够通过数据分析和挖掘发现财务数据中隐藏的信息和规律。数字技术应用能力培训需要采用多种培训方法，包括课堂授课、实操训练等，以便员工全面掌握数字技术应用的方法和技巧。

首先，课堂授课是数字技术应用培训的主要方式之一。企业可以邀请专业讲师进行授课，通过讲解相关概念、技术和工具，让员工快速掌握数字技术应用的基本知识。例如，在"大数据分析"课程中，讲师可以介绍大数据分析的相关概念、常用工具和分析方法，以及如何利用大数据分析帮助企业的财务决策。在授课过程中，课程讨论和案例分析十分重要。课程讲师可开展数字技术应用能力的课程讨论和案例分析，让员工提出自己的见解。

其次，在数字技术应用培训中，实践操作培训是非常重要的部分。企业可以通过组织一些实际操作的培训活动，如基于项目的培训，提供数据分析工具的实操练习，让员工在实际项目中运用数字技术，企业还可以组织数字技术应用能力的交流会议，让员工进行经验分享和互动交流。通过这种方式，员工可以分享各自的成功经验，促进共同成长。

最后，网络学习资源也是数字技术应用知识获取的重要来源。企业可以提供在线学习平台或购买相关课程，让员工自主学习数字技术应用的相关知识。这种方式不仅可以帮助员工随时随地学习，还可以提高员工的自主学习能力，让员工更加积极主动地学习数字技术应用的相关知识。此外，企业还可以鼓励员工参加相关行业的学术研讨会，以便了解最新的技术和发展动态，提高数字技术应用能力和行业素养。

（三）跨领域知识培训

现代企业的财务管理涉及财务、税收、成本、风险管理等多个领域。因此，数字化管理会计人员需要具备跨领域的知识和协同能力，能够和其他部门进行有效的沟通和协作。

跨领域知识培训是数字化管理会计人员培养方案中的重要环节之一。企业可以采用多种培训方法，除了开设专业课程、举办讲座和研讨会等常见方法外，参加行业活动也是员工学习跨领域知识的一种途径。企业可以选择性地安排管理会计人员参加行业协会或相关组织的会议、论坛、交流会等活动。这些活动通常聚集了同行业的专业人士和领域内的权威人士，通过他们的分享和探讨，管理会计人员可以了解当前行业的最新发展趋势、政策变化、最佳实践等，同时还可以扩展自己的社交网络。

（四）创新思维培训

创新思维能力是数字化管理会计人员必备的重要能力之一，能够为企业提供新的解决方案和思路，推动企业在会计领域的变革和发展。企业可以通过组织创新项目、开展思维培训等方式，鼓励管理会计人员提出新的想法，推动企业会计管理体系的发展。

首先，企业可以开展创新项目培训，让管理会计人员参与实际的创新项目。通过参与创新项目，管理会计人员可以学习到创新的方法和技巧，了解创新的过程和重要性。同时，管理会计人员还可以在实践中不断地提升自己的创新思维能力。企业可以设立相应的奖励机制，鼓励管理会计人员提出创新想法并付诸实践。

其次，企业可以开展创新思维培训，帮助管理会计人员掌握创新思维方法和技巧。例如，开展"创新思维训练营""问题解决与创新思维"等课程，让管理会计人员学习如何破除传统思维定式，如何从不同角度审视问题，并提出新的解决方案。

最后，企业还可以通过组织团队活动来促进管理会计人员的创新思维能力提升。例如，开展"团队创新挑战赛""创意提案比赛"等活动，鼓励管理会计人员团队协作，集思广益，提出创新想法。通过这些活动，管理会计人员可以在轻松愉悦的氛围中培养创新思维能力。

（五）业务分析与决策支持能力培训

决策支持能力培训是提高数字化管理会计人员业务分析和决策支持能力的重要途径。在这种培训中，课程应该覆盖数据分析、决策支持工具和方法、企业绩效分析、评估等方面的知识和技能。通过课堂授课、案例分析和实操训练等多种形式，让管理会计人员提升业务分析和决策支持能力。

在课堂授课中，讲师应该向管理会计人员介绍数据分析和决策支持工具的基本概念和原理，以及如何应用这些工具解决实际问题。例如，在"企业绩效分析与评估"课程中，讲师可以向管理会计人员介绍如何利用各种财务指标，如盈利能力、流动性和财务杠杆等，对企业绩效进行分析和评估。此外，讲师还可以通过实例和案例分析，演示如何应用各种决策支持工具，如数据挖掘和可视化工具，提高管理会计人员的应用能力和决策支持能力。

除了课堂授课外，实操训练也是培训的重要部分。在实操训练中，管理会计人员将学习如何运用数据分析和决策支持工具解决实际问题。例如，在"数据分析与决策支持"课程中，管理会计人员可以使用其他数据分析工具，分析企业的财务数据并得出相应的建议和决策。训练过程中，讲师可以提供实时反馈和指导，帮助管理会计人员掌握实际应用技能，提高业务分析和决策支持能力。

此外，企业可以建立业务分析和决策支持的团队和专家库，提供专业的业务咨询和决策支持服务。这些团队和专家可以根据业务需求，提供针对性的业务分析和决策支持服务，为企业的管理决策提供有力的支持和保障。

（六）职业素养和管理能力培训

在现代企业中，数字化管理会计人员需要具备良好的职业素养和管理能力。这些能力包括团队合作能力、沟通协调能力、领导力等，对于提升管理会计人员的职业素养和管理水平至关重要。企业可以通过开展职业素养和管理能力培训，培养和提升管理会计人员这方面的能力。

首先，企业可以通过开展"领导力训练"课程，提升数字化管理会计人员的领导能力。该课程可以包括领导力理论、案例分析以及领导力实践等内容。在课程中，企业可以通过理论讲解，帮助管理会计人员了解领导力的相关概念和内涵，并掌握领导力的核心素质。通过案例分析的方式，让管理会计人员了解不同领导风格的特点和适用场景，以及如何应对不同情境。在领导力实践方面，企业可以组织管理会计人员采用组织团队合作、领导小组讨论等方式，提升其领导力能力。

其次，企业可以通过开展"沟通与协调能力培训"课程，提升数字化管理会计人员的沟通协调能力。该课程可以包括沟通理论、沟通技巧和沟通实践等内容。在课程中，企业可以通过沟通理论的讲解，帮助管理会计人员了解有效沟通的原则和技巧，让管理会计人员了解如何应对各种沟通情境，如何利用沟通技巧解决沟通障碍。通过组织管理会计人员进行沟通实践，如组织管理会计人员进行团队沟通、角色扮演等方式，帮助其提高沟通协调能力。

最后，企业可以通过开展"团队合作与协作能力提升"课程，提升数字化管理会计人员的团队合作能力。该课程可以包括团队合作理论、团队协作技巧以及团队协作实践等内容。在课程中，企业可以通过理论讲解，帮助管理会计人员了解团队合作的基本原则和特点，并学习通过团队合作与协作来放大企业势能。

除了课程培训，企业还可以组织一些团队合作的活动，如团队建设、户外拓展、文化旅游等，通过活动中的互动与协作，促进管理会计人员之间的沟通和团队协作能力的提高。例如，企业可以组织团队拓展活动，让管理会计人员在户外环境中体验协作与团队合作的重要性，并通过团队建设等活动增强管理会计人员的协作和领导能力。另外，企业还可以通过管理会计人员的个人发展计划，制定个性化的培养方案，为管理会计人员提供更具个性化的培训和发展支持。通过定期的个人发展规划和评估，帮助管理会计人员更快地适应数字化管理会计的工作环境和要求，进一步提升其综合素质和职业水平。

第七章 结论与展望

在数字技术驱动下，企业会计实现了从财务会计向管理会计的转型，这一转型同时也是数字化升级的过程，数字技术在管理会计领域的全面应用推动着管理会计的数字化建设。本章是对全书内容的总结，并对智能化管理会计和企业数字化发展的未来进行展望。

第一节 结 论

18世纪以来，人类社会先后经历了四次科技革命，每一次的科技革命都源于技术突破，进而引发新的技术体系的建立和新的产业升级。技术驱动下的会计学科也经历了古代会计、近代会计、现代会计的发展历程。当前正处于以大数据、云计算、人工智能、物联网、区块链、5G技术为代表的数字技术主导的第四次科技革命时期，企业会计的工作环境发生了很大变化，带动了会计企业会计假设、确认与计量、信息质量要求、程序、规范的变化。这些变化引发了整个经济从宏观到中观，再到微观的需求变化，国家经济转型、企业战略实施和企业财务管理，对于企业会计的需求集中在信息的提供上，这是数字技术驱动下的必然结果，也是企业会计转型的需求导向。

围绕更好地提供信息支持这一本质需求，企业会计转型正在徐徐展开，并呈现出三大趋势：一是会计定位转型，从财务会计转向管理会计；二是会计组织转型，从财务共享中心转向企业数据中心；三是会计流程转型，从初级自动化转向全面数字化。这三大趋势并不是相互割裂、各自独立的，而是相互影响的。企业会计将实现从初级自动化形态的财务会计工作与信息共享模式，向高级数字化的管理会计工作与数据处理模式转型，让会计信息更好地发挥服务功能。由此可知，会计转型的核心是从财务会计向管理会计转型，企业会计组织和会计流程都是围绕这一定位的变化而展开的相关变化，是一种同步与伴随转型。

大数据、云计算、人工智能、物联网、区块链、5G技术这六大数字技术对于企业从财务会计向管理会计转型具有强大的驱动作用。在这些数字技术的应用下，企业基础性的财务会计工作逐渐被取代，且范围狭窄的传统财务会计信息很难为企业发展提供足够的数据支撑，表现出发展的局限性。反观管理会计在各类数字技术的支持下实现了重大的突破，不仅工作效率提高，而且价值创造能力提升。数字技术的应用其实并非割裂的，尽管每一项数字技术应用的方向和所起到的驱动作用都有所不同，但在企业实际应用过程中，可以针对具体的应用需求选择不同的技术搭配，在把控成本的前提下改进企业会计工作质效，促进会计转型目标的实现。

数字技术驱动下，管理会计成为企业会计工作的重心，技财融合、业财融合、人财融合理念支持着管理会计的持续健康发展。

技财融合是企业会计转型的动能。技财融合指在企业运营管理过程中，技术与财务领域相互渗透、整合与协同发展的过程，实现了从工具自动化向决策自动化转变、从业务流程向应用场景转变、从数据共享向数据驱动转变，以及从信息录入向无感采集转变。技财融合下，管理会计工作实现了数据采集数字化、数据加工处理数字化与数据应用数字化。技财融合最直接的应用实践就是财务数据中台的建设。财务数据中台可以平衡外部市场变化和内部体系求稳之间的关系，平衡弹性前台和稳定后台之间的关系，化解"信息孤岛"导致的重复建设和协同难题。企业建设财务数据中台旨在夯实管理会计数据治理基础、构建标准化数据治理平台、持续创造数据价值。具体建设应从可行性评估、财务数据中台服务定义、财务数据中台方案设计、财务数据中台选型评估、财务数据中台系统搭建这五个方面入手依次按步骤进行。除此之外，技财融合数字化实践还需要企业实现会计数据自动化管理，包括会计数据报告自动化、会计数据运维自动化和会计数据安全保障自动化。

业财融合是管理会计工作的本质。业财融合是企业财务与业务的协同，管理会计的主要目标是为企业管理层提供有关企业经营和财务状况的信息，以便制定战略决策、规划和控制。业财融合正是要实现这一目标。基于业财融合本质的管理会计要围绕企业价值链展开工作内容更新，持续改进管理会计工具以升级工作方式，并构建与业财融合相匹配的管理体系，同时与技财融合相适应重建管理模式，还要建设与业财融合相匹配的服务理念。企业数字化业财融合管理会计体系就是业财融合下管理会计最直接的实践体系，可以落实企业战略目标、提高价值创造能力、优化企业资源配置并提升企业管理水平。为此，企业要建立理论框架、搭建应用体系，并选择合适的应用路径，构建起符合企业实际情况的数字化业财融合管理会计体系，然后以数据共享为主线开展业财融合数字化实践，围绕业务主线抽取业财数据元素，基于链路贯通推动数据资产沉淀，最后以数据应用赋能企业经营管理。

人财融合是管理会计发展的基础。人财融合是指人力资源和财务资源在企业管理中的有机结合，包括两个方面：一是人力资源管理和财务管理的融合；二是企业成员行为与管理会计数据融合。人财融合可以促进管理会计发展，而企业数字化绩效管理体系建设就是人财融合的直接实践。企业要建设数字化绩效管理体系，可从明确目标和指标体系、引入数字化工具和平台，以及加强员工培训和意识宣传三个方面入手。作为支撑技财融合、业财融合、人财融合实践的管理会计人员自然是一切工作开展的关键要素。数字化管理会计人员培养也是企业人财融合实践的一部分，会计转型对管理会计人员能力提出了新要求，管理会计人员需要具备各种各样的复杂技能。企业要把数字化管理会计人员培养成具备数字技术应用能力、跨领域知识和协同能力、创新思维能力、业务分析与决策支持能力和职业素养和管理能力的复合型应用人才。为此，企业需要采取多种方式全面提升员工的综合素质和能力水平，以适应数字时代会计转型的新形势和新要求。

第二节 展 望

一、智能化管理会计发展展望

随着数字技术的不断发展和普及，智能化管理会计已经成为未来发展的趋势。智能化管理会计是指通过人工智能、大数据、云计算等技术手段，提高管理会计决策的精准度和效率，优化财务管理和预测能力，实现智能化的财务管理和控制。未来，智能化管理会计将在以下几个方面得到进一步发展。

（一）数据分析和挖掘能力的进一步提升

随着数字化和信息化的快速发展，管理会计领域也面临了巨大的挑战和机遇。未来的智能化管理会计将会更加注重数据分析和挖掘能力的提升，以便企业更加准确地掌握内部的运营状况，为企业提供更加有价值的财务决策支持。

与现在相比，未来的智能化管理会计将更加注重对数据的自动化处理。通过使用人工智能技术，企业可以实现数据的自动化分析和挖掘，大幅度提高数据分析效率。例如，现在的财务人员需要手动提取、清洗、转换和分析数据，而未来的智能化管理会计则可以通过使用自然语言处理、机器学习和数据挖掘等技术，实现数据的自动化处理和分析，从而使数据分析更加高效、准确。

另外，未来的智能化管理会计将更加注重数据的可视化分析和呈现。数据可视化是一种更加直观和易于理解的数据分析方式，未来的智能化管理会计需要掌握数据可视化技术，将复杂的数据分析结果以图形化、图像化的方式呈现出来，让数据分析结果更加直观和易于理解。

（二）智能化财务预测能力的提高

智能化财务预测能力是未来智能化管理会计的重要方向之一。目前的财务预测往往依赖于人工经验和历史数据，预测的准确性和精准度都受到很大的限制。未来，随着人工智能技术的不断发展和普及，智能化财务预测能力将会有一个飞跃性的提升。

首先，未来的智能化财务预测将更加注重对数据的深入分析和处理。通过分析企业历史数据，可以更加准确地预测其未来的经营状况和财务情况。例如，在企业财务预测方面，通过对过去几年的财务数据进行分析，企业可以得出不同经营情况下的财务数据，进而用于预测未来不同经营情况下的财务状况。而未来的智能化财务预测将更加注重对数据的深入挖掘和分析，通过机器学习等技术手段，企业可以更好地挖掘数据中的规律和信息，进而提高财务预测的准确性和精度。

其次，未来的智能化财务预测将更加注重对市场趋势的预测和分析。未来的市场竞争将更加激烈，企业需要更加准确地预测市场的发展趋势和变化。未来的智能化财务预测将利用大数据和人工智能等技术手段进行更加深入的分析和研究，预测市场的变化和发展方向，指导企业的业务发展和市场竞争。包括消费者行为的变化、市场竞争格局的演变等。

最后，未来智能化财务预测还将会更加注重对外部环境的预测和分析，如宏观经济政策的变化、行业竞争格局的演变等，以便更好地指导企业的战略决策和风险控制。这将使得财务预测成为企业战略制定的重要参考。例如，针对未来经济形势的变化，企业可以通过智能化财务预测，提前预判经济形势的影响，做好相应的应对措施，降低财务风险；针对行业竞争格局的演变，企业可以通过智能化财务预测，预判行业的变化趋势，及时调整企业的市场定位和产品策略，增强企业的市场竞争力。因此，智能化财务预测的提高不仅能提高企业的财务决策和管理水平，还是提升企业的战略决策和风险控制水平的重要手段。随着智能化技术的不断发展和应用，智能化财务预测将会不断提高其精度和效率，为企业的发展和成功带来更多的可能性。

（三）智能化管理会计技术的创新应用

1. 技术融合应用

在未来的智能化管理会计中，多种技术的融合应用将成为一个趋势。一是大数据与人工智能的融合应用。通过大数据分析技术获取海量数据，并运用人工智能算法进行数据分析和预测，以提高财务决策的准确性和精度。例如，利用大数据分析企业的历史销售数据和市场趋势，通过人工智能算法进行预测和分析，提高企业的销售预测准确性，以便更好地指导企业的生产和采购决策。二是物联网和区块链的融合应用。例如，利用物联网技术连接企业内部的生产设备、销售系统和财务系统，通过区块链技术确保数据的可靠性和安全性，以便更好地进行成本核算和经营决策。三是5G技术与云计算的融合应用。例如，利用5G技术提高企业内部数据的传输速度和带宽，将数据存储在云计算平台中，通过云计算技术进行数据分析和挖掘，以便更好地进行成本管理和预测分析，甚至还可以多种技术融合应用于管理会计领域，如大数据、云计算和区块链技术的融合应用。例如，在供应链管理中，企业可以利用大数据和云计算技术对供应链各环节的数据进行收集和分析，而区块链技术则可以帮助企业实现数据共享和交换，提高供应链的透明度和可追溯性，从而更好地管控供应链风险和优化供应链管理。

2. 新技术应用

除了大数据、云计算、人工智能、物联网、区块链、5G技术之间的融合应用外，未来的智能化管理会计还将面临更多的新技术应用挑战。

虚拟现实技术可以应用于企业内部的会计培训和会计模拟，帮助员工更好地理解和掌握会计知识和技能。

增强现实技术可以用于现场审计和财务管理，如通过 AR 技术对企业的实际运营场景进行虚拟模拟，快速发现潜在的风险和问题。

智能语音技术可以用于企业的财务报表分析和决策支持，如通过语音识别技术对财务报表进行自动化分析和解读，提供更加精准的决策支持。

生物识别技术可以通过识别人体的生物特征，如指纹、虹膜、面部等，进行身份认证和访问控制等操作。生物识别技术还可以用于保护财务数据的安全，防止数据泄露和滥用。例如，管理会计人员可以使用生物识别技术访问财务系统，以保证只有授权人员才能访问敏感财务数据。

这些新技术的应用为智能化管理会计的发展带来了全新的可能，未来随着这些技术的不断发展和创新，将会为企业的财务管理和决策提供更加精准、高效和智能的支持。

二、企业数字化发展展望

数字化转型是随着企业会计从财务会计向管理会计的转型不断扩散的，数字技术的驱动作用也不仅仅体现在会计领域。随着财务数据中台、数字化业财融合管理会计体系、数字化绩效管理体系等的建立，企业的管理会计渗透进各个领域，数字化建设也延伸至各个部门。未来，企业数字化将会更加深入地融入企业的方方面面，包括生产、销售、营销、客户服务等领域。

（一）智能化生产制造

随着数字技术的不断进步，智能化生产制造已成为企业数字化发展的重要方向。智能化生产制造是指通过数字技术对生产制造过程进行智能化管理和优化，以提高生产效率、产品质量，以及降低生产成本和能源消耗等。

首先，智能化设备和工艺技术是实现智能化生产制造的基础，未来其发展将更加注重数字化和智能化的升级和优化。随着物联网、云计算、人工智能等新技术的发展，企业可以通过数字技术实现生产设备和工艺的智能化管理和优化，进一步提高生产效率和产品质量。例如，物联网技术可以实现设备的实时监控和控制，通过对设备的运行数据进行分析和挖掘，可以使企业及时发现并解决设备故障问题，提高设备利用率和生产效率。未来，智能化设备和工艺技术还将更加注重数字化和智能化的融合创新应用。例如，将人工智能技术应用到设备管理中，可以实现设备故障的预测和预警，及时进行维护和更换，避免生产中断和质量问题。另外，区块链技术可以实现生产设备的去中心化管理和数据共享，进而可以提高设备管理和生产过程的透明度和安全性。

其次，智能化生产调度和运营管理是实现智能化生产制造的关键。随着人工智能技术的发展，智能化生产调度和运营管理将会更加智能化和自动化。未来的智能化生产调度和运营管理将会更加注重对生产数据和工艺参数的实时监测和分析，以便更好地调整生产计划和资源配置。例如，人工智能技术可以实现智能化的生产计划编制和优化，并可以根据生产需求、资源状况和设备状况等多个因素进行综合分析和判断，自动调整生产计划和资源配置，提高生产效率和资源利用率。此外，未来的智能化生产调度和运营管理还将更加注重对生产线的智能化管理和协调。数字技术和物联网技术的结合使用可以实现生产线的智能化监控和控制，进而可以使企业实时了解生产线的状态和效率，并根据实际情况自动调整生产计划和设备配置，提高生产效率和产品质量。

最后，智能化质量控制和检测是实现智能化生产制造的重要手段。数字技术对质量控制和检测进行智能化升级和优化，可以实现产品质量的自动化检测和统计分析，提高产品质量和生产效率。例如，利用人工智能技术和机器学习算法对产品质量进行预测和分析，可以实现对生产过程的实时监控和控制，提高产品质量和生产效率。同时，利用物联网技术实现设备的远程监测和控制，可以使企业及时发现生产过程中的质量问题并解决，提高产品质量和生产效率。未来，智能化质量控制和检测还将更加注重对产品的个性化定制和定量化分析。例如，利用大数据技术对客户需求和产品质量数据进行分析和挖掘，可以实现对客户需求的精准把握和对产品质量的量化分析，从而实现产品的个性化定制和质量的精细化控制。另外，智能化质量控制和检测还将更加注重生产过程的绿色化和可持续发展。例如，利用智能化传感器对生产过程中的环境指标进行实时监测和控制，可以实现对生产过程的环保和能源消耗的控制，从而实现生产过程的绿色化和可持续化。

（二）数字化营销

数字化营销也将是企业数字化发展的一个重要方向。数字化营销是指通过数字技术实现营销的全程数字化管理，包括客户关系管理、营销活动规划、销售过程管理等。数字化营销可以帮助企业更好地把握市场需求和客户需求，提高销售效率和客户满意度。

1. 数字化客户关系管理

数字化客户关系管理是数字化营销的基础，未来数字技术的应用将会更加广泛和深入。

首先，随着人工智能技术的发展，数字化客户关系管理将会更加注重对客户需求和行为的智能化分析和预测，从而更好地满足客户需求。

其次，数字化客户关系管理将会更加注重对客户体验的全程管理和优化。例如，利用物联网技术和大数据技术对客户使用产品或服务的体验进行全程监测和分析，可以发现并解决客户使用过程中存在的问题，提高客户满意度。

最后，数字化客户关系管理将会更加注重对客户价值的实现和提升。例如，利用数据挖掘技术对客户行为和消费习惯进行深入分析，可以实现对客户的个性化推荐和服务，提高客户忠诚度。

今后，数字化客户关系管理将会更加注重客户需求和体验，实现全程智能化和个性化，从而提高客户满意度和忠诚度。同时，数字化客户关系管理将会更加注重对客户数据的安全和隐私保护，以建立更加健康、长期的客户关系。

2. 数字化营销活动规划

数字化营销活动规划是数字化营销的关键环节，数字技术能够实现智能化的活动规划和优化，使营销资源达到最优配置和利用，提高销售效率和市场覆盖率。数字化营销活动规划主要包括市场调研、策略制定、活动规划和执行等环节。

首先，数字化市场调研是数字化营销活动规划的前提。利用数字技术对市场和客户进行深入调研，企业可以更好地了解市场需求和客户偏好，为后续的策略制定和活动规划提供有力的支持。

其次，数字化营销策略制定是数字化营销活动规划的核心。利用数字技术对市场和客户进行分析和预测，制定科学合理的营销策略和目标，有助于企业提高销售效率和市场覆盖率。

最后，数字化营销活动规划的执行是关键。利用数字技术对营销活动进行规划、执行、监控和评估，可以实现营销活动的数字化管理和优化，提高销售效率和客户满意度。

随着人工智能技术和大数据技术的不断发展，数字化营销活动规划将更加注重对市场和客户数据的深度分析和挖掘，实现营销活动的精细化管理和个性化服务。同时，数字化营销活动规划还将更加注重对营销效果的评估和反馈，以便不断优化营销策略和活动规划，提高销售效率和市场覆盖率。

3. 数字化销售过程管理

数字化销售过程管理是数字化营销的重要手段。利用数字技术对销售过程进行智能化管理和优化，可以提高企业的销售效率和客户满意度。数字化销售过程管理涵盖了销售渠道管理、订单管理、库存管理、售后服务等多个方面，可以实现全程数字化管理和优化。

首先，数字化销售渠道管理是实现数字化销售过程管理的重要手段。

利用数字技术对销售渠道进行智能化管理和优化，可以实现企业的销售渠道的最优配置和利用，提高销售效率和市场覆盖率。例如，利用大数据技术对市场数据进行分析和预测，可以预判市场趋势和客户需求变化，从而更好地调整销售策略和渠道规划。

其次，数字化订单管理是数字化销售过程管理的关键。利用数字技术对订单进行智能化管理和优化，可以实时查看订单状态和处理进度，及时解决订单问题和客户反馈，提高销售效率和客户满意度。

最后，数字化售后服务是实现数字化销售过程管理的重要手段。利用数字技术对售后服务进行智能化管理和优化，可以提高客户满意度和品牌形象。例如，利用物联网技术实现售后服务的远程监控和维修，可以实现故障诊断和维修，提高售后服务效率和客户满意度。

未来，数字化销售过程管理将会更加注重对客户体验和数据分析的应用。利用数字技术对客户数据进行分析和挖掘，可以实现对客户需求和偏好的深入理解和把握，从而更好地为客户提供个性化的销售和服务。同时，数字化销售过程管理也将更加注重对销售过程的全程数字化管理和优化，提高销售效率和客户满意度。

（三）数字化供应链管理

数字化供应链管理是企业数字化发展的一个重要领域。数字化供应链管理是指利用数字技术对供应链进行全程数字化管理和优化，包括供应商管理、采购管理、物流管理等环节。数字化供应链管理可以实现供应链的高效协同和优化配置，提高供应链的可靠性、安全性和效率，降低供应链成本和风险。

1. 数字化供应商管理

数字化供应商管理指通过数字技术对供应商信息进行集中管理和监控，以更好地把握供应商的资质、信用和绩效，提高供应链的可靠性和安全性的活动。

首先，数字化供应商管理可以实现对供应商信息的集中管理和监控。

通过建立供应商信息库，企业可以对供应商的基本信息、注册资质、经营情况等进行整合和管理。例如，利用云计算技术和数据挖掘技术，可以对供应商的数据进行智能化分析和处理，实现对供应商信息的快速查找和比对。这样可以避免信息的重复录入和漏填，提高信息的准确性和完整性。

其次，数字化供应商管理可以实现对供应商风险的识别和监控。通过对供应商信用、绩效等数据进行分析和挖掘，企业可以实现对供应商风险的实时监控和识别。例如，利用大数据技术对供应商历史交易数据进行分析和比对，可以预判供应商的潜在风险和问题，并及时采取相应的措施，从而有效降低供应链的风险和成本。

最后，数字化供应商管理可以实现对供应商关系的优化和协调。通过数字技术，企业可以实现对供应商关系的自动化管理和优化，包括合同签订、采购协调、供应商评估等。例如，利用人工智能技术对采购需求进行分析和匹配，可以自动推荐符合要求的供应商，提高采购效率和效果。这样可以实现供应链的协调和优化，提高整体的运营效率和成本效益。

随着数字技术的不断进步和创新，数字化供应商管理将会越来越智能化和自动化。例如，利用区块链技术可以实现供应链的去中心化管理和透明化监管，提高供应链的安全性和可靠性。此外，利用人工智能技术和机器学习技术可以实现对供应商数据的实时监控和预警，提高供应链的预测和响应能力。这些新技术和应用将会为数字化供应链管理带来更多的机遇和挑战。

2. 数字化采购管理

数字化采购管理是通过数字技术对采购过程进行的智能化管理和优化活动，包括采购需求管理和采购订单管理。

采购需求管理是指对采购过程中的需求进行规划、管理和跟踪，以实现采购计划的科学化、系统化和规范化。采购需求管理的主要目的是满足企业生产、经营和发展的需要，同时降低采购成本，提高采购效率。数字化采购需求管理可以通过数字技术对采购需求进行集中管理和优化。例如，利用人工智能技术对采购需求数据进行分析和预测，可以实现对采购需求的精准预测和智能化管理，从而提高采购效率和减少采购成本。

采购订单管理是指对采购订单进行规划、管理和跟踪，以实现采购计划的实施和达成采购目标。数字化采购订单管理可以通过数字技术对采购订单进行智能化管理和优化。例如，利用大数据技术对采购订单数据进行分析和优化，可以实现采购成本的优化和采购周期的缩短，从而提高采购效率和供应链的响应速度。

3. 数字化物流管理

数字化物流管理是通过数字技术对物流过程进行智能化管理和优化活动。

数字化物流管理的重要环节之一是供应链计划。通过数字技术对物流供应链进行智能化管理和优化，可以实现企业对物流过程的操控与预测。例如，利用大数据技术对物流数据进行分析和预测，可以预测物流需求和趋势，提前调整物流计划和资源配置，以优化物流效率和降低物流成本。

数字化物流管理还包括物流采购、运输和配送等环节。通过数字技术对这些环节进行智能化管理和优化，可以提高物流效率和可靠性，降低物流成本。例如，利用物联网技术对运输和配送过程进行实时监控和管理，可以提高物流过程的可见性和可控性，避免物流延误和损失，提高客户满意度。

数字化物流管理的另一个关键环节是库存管理。利用数字技术对库存进行智能化管理和优化，可以避免库存过剩和缺货现象，降低库存成本和提高供应链响应速度。例如，利用大数据技术对库存数据进行分析和预测，可以实现对库存需求和趋势的预测和调整，从而避免过剩和缺货现象。

参考文献

[1]   朱竞.会计信息化环境下的企业财务管理转型与对策 [M].北京：
       经济日报出版社，2019.

[2]   赵睿.实践与案例：管理会计人员的转型与提升研究 [M].北京：
       冶金工业出版社，2019.

[3]   陈婧超.财务共享与会计转型 [M].北京：新华出版社，2021.

[4]   赵伯廷，蒋四荣，陈白宇，等.管理会计：会计转型的必经之路 [M].
       北京：北京工业大学出版社，2019.

[5]   上海管会教育培训有限公司.高级数字化管理会计：管理会计综
       合实训 [M].北京：高等教育出版社，2021.

[6]   孙湛.管理会计：业财融合的桥梁 [M].北京：机械工业出版社，
       2020.

[7]   张建峰，唐亮作.大数据背景下业财融合研究 [M].哈尔滨：哈尔
       滨工业大学出版社，2021.

[8]   李琳，刘凤委，李扣庆.会计演化逻辑与发展趋势探究：基于数据、
       算法与算力的解析 [J].会计研究，2021（7）：3-16.

[9]   冯巧根.管理会计的制度优化与工具创新 [J].财会月刊，2020(22)：
       3-11.

[10]   冯文芳，田文中，杨雯琪.基于微服务与中台理念的财务共享管

理平台设计 [J]. 财会通讯，2022（6）：167–171.

[11] 何斌，赵楠，何琴清，等. 管理模式转型视角的数字化管理适应性变革研究：以字节跳动为例 [J]. 北京交通大学学报（社会科学版），2022，21（2）：29–36.

[12] 李漫，堵光耀. 打造会计引擎助推业财融合升级 [J]. 财务与会计，2021（11）：66–70.

[13] 曹文火. 数字资产会计核算问题探究 [J]. 财务与会计，2020（22）：47–49.

[14] 冯巧根. 管理会计的情境特征：问题与对策 [J]. 财会通讯，2022（3）：3–13，127.

[15] 聂兴凯，王稳华，裴璇. 企业数字化转型会影响会计信息可比性吗 [J]. 会计研究，2022（5）：17–39.

[16] 冯巧根. 新时代的管理会计工具创新 [J]. 财会通讯，2022（17）：3–11.

[17] 蒋雪. 对数智化下业财融合的思考 [J]. 财会月刊，2022（增刊1）：62–66.

[18] 卿静，杨记军. 基于财务共享与业财融合的智能财务系统研究 [J]. 会计之友，2022（20）：118–125.

[19] 陈良华，李东霖，沈红. 新兴数字技术环境下事项会计理论的发展趋势 [J]. 会计之友，2021（11）：12–17.

[20] 綦好东，苏琪琪. 会计如何更好赋能数字经济发展 [J]. 财务与会计，2021（15）：9–12.

[21] 王曌 .5G智能时代企业财务会计转型探究 [J]. 中小企业管理与科技（中旬刊），2020（10）：66–67.

[22] 翁梅珍. 企业数据安全管理 [J]. 信息系统工程，2012（9）：71–73.

[23] 李峰.基于流程再造的 G 集团智能报账系统建设 [J].财务与会计，2021（19）：35-38.

[24] 徐冰.大数据时代林业企业财务会计向管理会计的转型探讨：评《国有企业财务管理转型与创新》[J].林业经济，2022，44（6）：102.

[25] 田高良，张晓涛.论数字经济时代智能财务赋能价值创造 [J].财会月刊，2022（18）：18-24.

[26] 冯巧根.中国式现代化视角的管理会计创新 [J].财会月刊，2022（22）：3-8.

[27] 胡能鹏，刘晓光.互联网企业数据安全管理应用研究 [J].网络安全技术与应用，2020（12）：76-77.

[28] 李同霞.企业信息化中的数据安全管理 [J].中国信息界，2021（4）：88-89.

[29] 钟廷勇，黄亦博，孙芳城.企业数字化转型、市场竞争与会计信息可比性 [J].现代财经：天津财经大学学报，2022，42（12）：21-43.

[30] 王爱娜.数字化转型中食品企业绩效管理探究 [J].食品研究与开发，2021，42（23）：239.

[31] 冯巧根.管理会计范式重塑与创新 [J].财会通讯，2022（5）：3-12.

[32] 邓美利，乔鹏程.5G 时代"大智移云"技术与陕西会计人才新能力需求与培养框架 [J].西安电子科技大学学报（社会科学版），2021，31（4）：108-114.

[33] 刘光强，干胜道.新经济背景下的智能管理会计报告：基于"区块链＋人工智能"数字技能 [J].财会月刊，2022（14）：79-85.

[34] 冯圆.企业数字化转型的财务成本政策配置与行为优化 [J].会计

之友，2022（16）：19-26.

[35] 李洪涛. 以业财融合为导向的财务集约化管控模式探究 [J]. 财会月刊，2022（增刊 1）：31-34.

[36] 张庆龙. 数据中台：让财务数据用起来 [J]. 财务与会计，2022（9）：15-19.

[37] 冯巧根. 基于会计职能拓展的管理会计发展 [J]. 财会通讯，2022（23）：3-12.

[38] 王妮，王鹏. 国内外"区块链+"会计研究的可视化分析 [J]. 财会月刊，2023，44（4）：69-78.

[39] 冯巧根. 嵌入数字技术的管理会计实践 [J]. 财会通讯，2022（9）：3-10.

[40] 秦荣生. "数""实"结合助力经济高质量发展 [J]. 财务与会计，2022（7）：18-19.

[41] 冯巧根. 管理会计工具创新与变迁管理 [J]. 财会通讯，2022（15）：3-10.

[42] 许倩. 财务报表粉饰行为及其防范策略 [J]. 山西农经，2019（11）：136-137.

[43] 秦荣生. 数字经济时代的会计职业道德准则建设 [J]. 财务与会计，2022（12）：5-8.

[44] 陈佳俊. "十四五"时期我国会计研究应重点关注的几个方面 [J]. 财务与会计，2022（16）：76-77.

[45] 张晓涛，田高良. 基于"数字经济"的智能财务理论与发展新契机 [J]. 财会通讯，2022（22）：22-28，132.

[46] 邱兆学. 人本财务管理促进价值增长逻辑与实践路径 [J]. 会计之友，2023（3）：2-9.

[47] 胡安琴.业财融合下创效型数据资产的会计计量与披露[J].会计之友,2023(4):134-139.

[48] 王爱国,李瑞雪,杨傲君.智能会计如何促进企业数字化转型:一个有调节的中介效应模型[J].会计之友,2023(4):112-118.

[49] 张庆龙.下一代财务:数字化与智能化[J].财会月刊,2020(10):3-7.

[50] 张庆龙.数字化转型背景下的财务共享服务升级再造研究[J].中国注册会计师,2020(1):102-106.

[51] 张庆龙.财务共享服务数字化转型路径探析[J].财会月刊,2020(17):12-18.

[52] 许倩,郑波.新旧《会计档案管理办法》比较分析[J].辽宁经济管理干部学院(辽宁经济职业技术学院学报),2016(2):27-29.

[53] 田高良,高军武,高晔乔.大数据背景下业财融合的内在机理探讨[J].会计之友,2021(13):16-21.

[54] 蒋盛煌.基于财务共享的业财深度融合探究[J].会计之友,2022(1):2-9.

[55] 张庆龙.以数字中台驱动财务共享服务数字化转型[J].财会月刊,2020(19):32-38.

[56] 陈虎,郭奕.财务数字基建赋能企业转型[J].财会月刊,2020(13):15-21.

[57] 王翊覃.人力资本、企业能力与财务绩效:来自我国高新技术上市公司的经验证据[J].广东社会科学,2019(6):47-54.

[58] 许倩.在高校会计专业教学中探索课程思政建设的路径[J].高等教育前沿,2022(12):237-238.

[59] 叶康涛.业财融合:从财务动因到业务动因[J].财会月刊,2021

（15）：24-26.

[60] 王会波.企业财务数字化转型的理论逻辑与发展趋势探讨 [J]. 中国注册会计师，2021（6）：106-108.

[61] 冯圆.数字化改革背景下的成本管理创新 [J]. 财会月刊，2021（23）：68-75.

[62] 刘光强，干胜道，段华友.基于区块链技术的管理会计业财融合研究 [J]. 财会通讯，2022（1）：160-165.

[63] 郑天娇，王刚，周振，等.中台战略思想下的财务信息化体系探析 [J]. 会计之友，2021（2）：123-127.

[64] 窦雪霞.财务数字化转型相关问题探讨 [J]. 中国注册会计师，2021（8）：91-93.

[65] 佘利文.H 公司全面预算管理中业财融合的探索 [J]. 财务与会计，2021（18）：34-36，40.

[66] 胡玉明.管理会计的本质与边界 [J]. 财会月刊，2021（19）：16-24.

[67] 邱凯，刘李福，张俤.小微企业业财融合型共享财务云构建 [J]. 财会月刊，2022（5）：38-46.

[68] 戚聿东，徐凯歌.后摩尔时代数字经济的创新方向 [J]. 北京大学学报(哲学社会科学版)，2021，58（6）：138-146.

[69] 贾凡.梅特卡夫定律在互联网企业价值评估中的应用 [J]. 上海商业，2023（1）：92-94.

[70] 太阳.达维多定律：让创新成为企业发展常态 [J]. 山东国资，2021（9）：99.

[71] 吕京丽.人工智能背景下财会人员职业再规划与发展研究 [D]. 北京：首都经济贸易大学，2018.

[72] 周然然. 基于财务共享的管理会计信息化研究：以 Z 公司为例 [D]. 昆明：云南财经大学，2021.

[73] 徐晴. 基于区块链的质量成本管理研究：以 A 公司为例 [D]. 北京：首都经济贸易大学，2021.

[74] 韩佳凝. 基于人工智能技术的资金预算控制研究 [D]. 北京：华北电力大学，2022.

[75] 刘雪娇. 数字化背景下的 A 公司业财融合实践研究 [D]. 成都：电子科技大学，2022.

[76] 单颖. 基于"核算型"会计向"管理型"会计转型的管理会计本科教学改革研究 [D]. 昆明：云南大学，2021.

[77] 汤乐雯. 数字化转型下 A 企业智能化管理会计平台评估与优化研究 [D]. 重庆：重庆理工大学，2022.

[78] 姚歆怡. 嵌入区块链技术于财务共享中心对应账款管理的优化：以 H 企业为例 [D]. 大连：东北财经大学，2021.

[79] 隋馨. 大数据时代 A 集团的财务共享服务中心问题研究 [D]. 大连：东北财经大学，2021.

[80] 尚玥. 财务战略转型背景下的管理会计报告应用研究：以三棵树公司为例 [D]. 北京：首都经济贸易大学，2020.